시칠리아 일주
인문기행

글·사진 한상원

차례

프롤로그   012

Ⅰ. 이제는 시칠리아다

시칠리아에 가게 된 동기   020
시칠리아에 대해 얼마나 아시나요?   023
시칠리아 여행을 강추하는 다섯 가지 이유   028

Ⅱ. 시칠리아 일주 시작, 북서부

팔레르모 공항 인근에서 첫날밤, 치니시   036
아! 푸른 꽃, 자카란다   041
몬레알레로 가는 길에서 생긴 해프닝   044
'중세의 보고' 몬레알레 대성당과 베네딕토 수도원   047
서양에 처음 공식적으로 알려진 코리아   051
시칠리아 최고의 해수욕장, 몬델로 해변   060
이곳보다 더 아름다운 곳이 있을까, 스코펠로   066
카르타고로 향하라! 마르살라   072
최고의 와인과 2천년 역사의 염전, 마르살라   080
중세로의 시간여행, 에리체   092

Ⅲ. 고대유적과 신화, 남서부

잊힌 번영의 고대도시와 신전 유적, 셀리눈테	**110**
레나토의 하얀 사랑, 백악의 계단, 스칼라 데이 투르키	**118**
'인생은 매우 슬픈 익살이다', 피란델로를 찾아서	**127**
신전의 계곡에서 콩코르디아를 만나다, 아그리젠토	**136**

Ⅳ. 시칠리아 바로크와 시라쿠사, 남부

대지진 몰락과 화산재에서 부활한 피닉스, 라구사와 노토	**148**
시칠리아 바로크의 대표 도시, 노토	**160**
영광과 쇠락의 뒤안길에서, 시라쿠사와 오르티지아	**170**
시라쿠사의 아들, 아르키메데스	**180**

Ⅴ. 시칠리아의 진주와 에트나 등정, 동북부

고대 그리스 극장에서 괴테와 만나다, 타오르미나	**192**
잊을 수 없는 과일향 속 푸른 밤, 링구아글로싸	**206**
드디어 유럽 최고의 활화산에 오르다, 에트나	**208**
코르네오네의 눈물과 '브루치아 라 테라', 사보카	**219**

VI. 시칠리아 일주를 마무리하며, 북서부

「시네마천국」의 잊지 못할 장면의 현장, 체팔루　　　**232**

「성모영보」, 문명과 인종의 용광로, 팔레르모　　　**243**

시대를 앞서간 황제, 프리드리히 2세　　　**258**

에필로그　　　**262**

부록

시칠리아와 오디세이　　　**266**

격동의 시칠리아 역사　　　**271**

참고 도서　　　**284**

프롤로그

시칠리아 여행을 다녀와서 알게 됐다.
인생 후반전을 어떻게 살아갈지….

아무것도 모르고 시작한 30여 년 사회생활이 서서히 종착역을 향하고 있었다. 체호프의 「벚꽃 동산」에서 평생 벚나무 동산을 성실하게 관리해 온 늙은 하인 피르스가 "살긴 살았지만, 도무지 산 것 같지 않아"라고 독백하는 장면처럼, 나도 기나긴 시간을 어떻게 살아왔는지, 이제 앞으로 어떻게 살아가야 할지 그야말로 막막한 심경이었다.

그때 '아! 많은 사람이 이럴 때 여행을 떠났지!'라는 생각이 들었다. 정년퇴직했거나 중간에 회사에서 퇴사한 적지 않은 사람들이 자신을 찾기 위해 혹은 새로운 삶의 길을 찾기 위해 산티아고 순례길로 떠났다. 자녀를 다 키워 홀가분해진 중년 여성들도 삼삼오오 어디론가 여행을 떠났다. 뉴욕, 런던, 파리, 로마를 다녀온 사람들은 동유럽은 물론이고 발트 3국과 아이슬란드까지, 온 세상에 발자국을 남기고 있었다. 나와 같은 이들은 대개 산티아고 순례길을 먼저 떠올렸고, 다녀온 지인도 몇 된다. 그곳에서 세계 각지에서 온 비슷한 처지인 사람들과 어울리는 모습을 보면 부럽기도 했다. 하지만 어느날 운명적으로 시칠리아가 다가왔다.

시칠리아를 다녀온 지 얼마 되지 않아서 그곳에서 받은 느낌과 감흥이 아직 생생할 때였다. 인터넷 음원인 라디오 스위스 클래식에서 카라얀이 지휘하고 베를린 필하모니가 연주한 주세페 베르디의 「운명의 힘(La forza del destino)」 서곡이 들려왔다. 문득 팔레르모 마시모 극장 앞에서 본 베르디의 동상이 떠올랐다. 그의 대표곡 중 하나인 「시칠리아의 만종(저녁 종소리)」뿐 아니라, 후기에 작곡한 이 곡 중, 특히 서곡은 장중한 관악기가 함께하는 격한 멜로디와 트레몰로로 극도의 긴장감을 준다. 나는 이 곡을 들으면서 '아! 이 곡이야말로 시칠리아의 운명을 가장 잘 표현한 곡이구나' 하는 생각이 들었다.

시칠리아는 기원전 7세기경 그리스인들이 동부 해안에 첫발을 디딘 이후 2,700여 년간 수많은 외부 세력의 침략 속에서 파괴와 약탈, 압제와 빈곤, 시련과 질곡을 겪었다. 그런데도 시칠리아인들은 운명에 굴복하지 않고 남다른 자부심과 끈질긴 생명력으로 그들만의 문화와 역사를 이어오고 있다. 일부에서는 적어도 8개 이상의 문명이 혼합된 지역이라고 할 정도로 여러 세력의 도래와 번영, 쇠퇴를 겪으면서 세계 그 어느 지역보다 다양한 문화와 역사를 가지고 있어 한마디로 '다양한 문화의 보고(寶庫)'라고 할 수 있는 곳이다.

하지만 '초격차의 시대, 무한경쟁의 시대에 무려 2,700여 년이나 지난 유적이나 역사, 문화가 무슨 소용이 있단 말인가?'라는 생각이 들기도 했다. 그런데도 여행 콘셉트를 구상하고 세부적인 일정을 짜다 보니 역사와 예술 등 인문학과 관련된 눈과 마음이 트이기 시작했다. 그때 문뜩 '결국 인생을 구하는 것은 인문학이다'라는 누군가의 글귀가 떠올랐다. 시칠리아 여행은 단순히 지중해의 멋진 풍광을 즐기는 것을 넘어 시칠리아이기에 만날 수 있는 독특한 역사와 문화, 예술을 통해 내 인생을 구하는 인문여행이었다.

이제 와서 생각해 보면 그때 시칠리아 여행을 결정하고 여정을 준비하던 시간은 인생 후반부의 새로운 삶을 살아갈 수 있는 지혜의 맹아가 싹트고 있었던 것 같다. 내 또래의 퇴직자들은 잠시 쉬었다가 구직활동에 나서거나, 그동안 미뤄왔던 취미생활을 하거나 골프나 산행 모임에 나간다. 하지만 건강이 허락하는 한 앞으로

20~30년은 시니어 청춘이라는데 벌써 퇴직자로 무료와 씨름하고 싶지 않았다. 그때 마침 불현듯 시칠리아 여행이 다가왔고 여정을 짜고 예약하느라 국내외 자료를 읽고 정보를 검색을 하면서 많은 것을 새롭게 알게 되었다. 그동안 나름 인문학에 대한 관심과 지식이 있었다고 생각했는데, 알고 보니 참으로 일천한 수준이었던 것이다. 시칠리아는 다방면에 걸쳐 진정한 배움의 원천이 되었다. 시칠리아를 여행한다는 것은 그동안 막연하게 알고 있던 선입견을 과감하게 버리고 역사, 지리, 인간, 문화, 예술 등 다양한 분야를 총망라하는 '진정한 공부'였다. 한 지역이 품고 있는 이야기가 이렇게 다양하고 깊을 수가 있다니. 그동안 「오디세이아」, 「로마인 이야기」 등 책으로만 접해 오던 평면적인 지식과 얕은 정보가 여행을 준비하면서 입체적으로 와 닿았다.

그렇다면 왜 시칠리아에 대해 쓰려는 것일까? 시칠리아는 그 어느 곳보다 매력적이기 때문에 그곳의 추억을 오롯이 남기기 위해서이다. 그렇다면 시칠리아는 왜 매력적이고, 왜 추억을 남겨야 하는가? 그건 셀리눈테 유적지에서의 한낮의 강렬한 빛은 카뮈의 소설 「이방인」에 나오는 알제리의 대낮을 연상시켰기 때문이고, 시라쿠사에서 새벽 바닷가에 나가 일출을 기다릴 때 니체의 영원회귀, 아모르 파티 등이 떠올랐기 때문이다. 오랫동안 가슴에 담아온 환상적인 오르티지아 대성당 광장에 섰을 때, 그 밤의 매혹적인 색채와 부드러운 대기의 숨결을 평생 잊을 수 없을 것 같기 때문이다.

그동안 시칠리아를 찾은 많은 유명 인사들도 나처럼 시칠리아를 극찬했다. 그중에서도 1787년 봄, 나폴리에 머물던 괴테는 시칠리아에 갈지 말지 고민하며 이렇게 썼다.

"나의 성향을 위해서도 시칠리아 방문은 분명 유익할 것입니다. 아니, 꼭 필요한 것이지요. 세계사의 초점이 된 이 경이로운 땅을 직접 밟아 본다는 것은 결코 사소한 일이 아닌 것입니다."

괴테는 그해 3월 28일 팔레르모행 배를 타고 들어가 5월 11일까지 40여 일간 시칠리아에 머물렀다. 여행을 마친 괴테는 이렇게 말했다.

"시칠리아를 빼놓고 이탈리아를 완전히 이해한다는 것은 불가능하다. 모든 것에 대한 열쇠는 바로 이곳 시칠리아다."

시칠리아를 일주해 보니, 230여 년 전 괴테의 말에 공감하지 않을 수 없었다. 세계 다른 어떤 곳보다도 다양하고 매력적인 시칠리아를 다녀온 후, 앞으로 인생 후반전을 방황하지 않고 의미 있게 살아갈 자신이 생겼다. 배움에는 끝이 없다고 했다. 스스로 좋아서 하는 공부는 큰돈이 들어가지 않으면서 삶의 지혜와 즐거움이 쏟아져 나오는 화수분이다. 자신이 좋아하는 분야에 대해 부단히 공부하고 배우고자 하는 데 대해 확신이 서고 이를 실천해 나갈 수 있다면, 인생 후반전의 삶은 의미 있고 풍요로울 것이다.

PART I

이제는 시칠리아다

020	시칠리아에 가게 된 동기
023	시칠리아에 대해 얼마나 아시나요?
028	시칠리아 여행을 강추하는 다섯 가지 이유

시칠리아에 가게 된 동기

　　　　　　여행은 그동안 잊고 있던 자신을 돌아보는 계기를 마련하기도 한다. 대표적인 여행이 산티아고 순례길 걷기다. 꼭 기독교인이 아니어도 지친 자신을 위로하고 잊었던 자신을 찾기 위해 또는 삶의 변곡점에서 새로운 희망과 다짐을 위해 떠난다. 나도 오래전부터 기회가 되면 한번 꼭 가보려고 했다. 그러나 언제부터인가 회의감이 들었다.

　제주 올레길을 걸을 때였다. 처음에는 이런저런 생각이 들지만 계속 걷다 보니 아무런 생각도 나지 않고, 아무 생각 없이 걷고 있는 자신을 경험했다. 산티아고길 또한 대중화가 되어 진정한 순례길의 의미가 쇠퇴하고 있었다. 그러던 가운데 시칠리아가 떠올랐다. 시칠리아는 오랫동안 가슴 속 깊은 곳에 잠자고 있었던 것이다. 30여 년 전 괴테의 「이탈리아 기행」을 읽으면서 접한 '타오르미나'라는 독특한 지명을 읊조리며 '도대체 뭐가 타오른다는 거야?'라는 엉뚱한 생각을 하면서 언젠가는 한번 꼭 가 보리라 다짐했다. 그 후 어느 잡지 표지 전면에 노란 꽃을 배경으로 우뚝 서 있는 황토빛 콩코르디아 신전 사진을 보고 이러한 다짐을 더 굳혔다. 하지만 이렇게 관심을 두면서도 시칠리아를 지중해의 어느 한 섬 정도로 여겼다. 타오르미나, 콩코르디아 신전 그리고 에트나 화산 정도가 대표적 명소인, 우리의 제주도만한 섬으로 생각하고 있었다. 그런데 그때 후배 J가 시칠리아 마르살라 출신인 친구 비토 씨가 자신을 초대했다며 시칠리아에 함께 가지 않겠느냐고 제의해 왔다.

우리는 모두 마음속에 무언가를 안고 살아간다. 그 무언가는 언젠가 꺼내서 확인해야 한다. 시칠리아가 그랬다. 이런 기회를 절대 놓칠 수 없었다. 고교시절 우연히 본 하이델베르크 성을 담은 엽서 한 장이 독일어를 배우게 하고 훗날 독일에서 근무하게 만든 것과 마찬가지라고 할 수 있다.

시칠리아 일주 여행을 준비하는 과정은 정말이지 마음 벅차고 행복한 시간이었다. 여행 일정을 짜면서 시칠리아를 조금씩 알아갈수록 가슴은 뛸 수밖에 없었다. 국내 자료 중 시칠리아를 소개한 책이 그리 많지 않았고, 특히 일주하는 여정을 소개하는 책자는 찾아볼 수 없었다. 그래서 독일에 있는 여행서 전문 출판사인 '마르코 폴로'에서 발간한 소책자를 주로 참고하고 구글 지도 등을 이용하여 일정을 짜나갔다. 제한된 기간 동안 시칠리아를 한 바퀴 돌며 최대한 많은 곳을 여행하는 것은 생각처럼 쉬운 일이 아니었다. 하지만 언제 다시 가게 될 지 모르기 때문에 다소 타이트한 일정을 구상할 수밖에 없었다.

여정은 공항이 있는 시칠리아의 주도 팔레르모를 시작으로 시계 반대 방향으로 도는 것으로 했다. 즉 서부에서 시작해 남부와 동부 해안가로 이동하며 다시 팔레르모로 돌아오는 일정이었다. 무려 1,500km가 넘는 '시칠리아 일주 인문기행'이라는 대장정은 이렇게 시작됐다.

벤베누토 인 시칠리아(Benvenuto in Sicilia)!

시칠리아에 대해 얼마나 아세요?

　　　　　　　　그동안 시칠리아는 우리에게 그다지 익숙한 곳은 아니었다. 흔히 이탈리아를 여행한다면 가장 먼저 로마, 피렌체, 밀라노, 베네치아를 떠올리거나 남부 명소 세 곳을 하루에 도는 이른바 '나폼소(나폴리 · 폼페이 · 소렌토)'가 대부분이었기 때문이다.

　시칠리아는 과연 어떤 곳일까? 그동안 왜 주목받지 못했을까? 프랜시스 코폴라 감독의 영화 「대부」를 본 사람이라면 무자비한 마피아의 본거지로 생각할 수 있고, 파스타를 좋아하는 사람이라면 가지로 만든 '스파게티 알 라 노르마(Sphagetti alla Norma)'와 새끼손가락 한마디 정도 되는 '카바타피(Cavatappi)'의 본고장으로 알고 있을 것이다. 베르디 오페라 팬이라면 언젠가 한 번쯤 들었을「시칠리아의 저녁 종소리(Vespri siciliani)」를 통해 시칠리아의 험난했던 역사를 조금은 짐작할지도 모른다. 여행 마니아라면 그리스 신전 유적이 몇 개 있는 곳, 괴테의 이탈리아 여행기에 언급된 타오르미나와 에트나 화산 정도만 알고 있을 것이다. 나도 오랫동안 장화처럼 생긴 이탈리아반도 끝에 축구공처럼 붙어있는 작은 섬 정도로 생각했었다. 그동안 그 많은 여행상품이나 광고 어디를 봐도 시칠리아는 보이지 않았다. 다들 남미는 물론 발트 3국, 아이슬란드까지 찾아가는 데도 왠지 이곳은 관심 밖이었다.

시칠리아는 이탈리아반도에서 고작 3km 떨어진 특별자치주다. 행정구역으로 보면 주도인 팔레르모, 광역시인 카타니아, 아그리젠토 그리고 6개 현으로 구성되어 있다. 시칠리아를 처음 알게 될 때 가장 놀라운 건 섬의 크기였다. 면적이 25,711㎢로 제주도의 14배, 전라남도의 2배로 서유럽 국가 벨기에와 비슷하다. 이탈리아 20개 주 중에서도 가장 크다.

"시칠리아가 그렇게 커요?" 시칠리아가 얼마나 클 것 같으냐는 질문에 대답을 해 주면 대부분 깜짝 놀란다. 전체 주민 수는 약 5백만 명으로 그중 20%가 관광산업에 종사하고 있다. 지형은 아프리카 유럽 화산대에 놓여 있어 화산 폭발과 지진 발생에 예민한 편이다. 험준한 산지가 25%, 나지막한 구릉이 61%, 주로 해안가 지역인 평지는 14% 정도다.

지리적으로 볼 때, 팔레르모는 로마보다 북아프리카인 튀니지에 더 가까울 정도로 아프리카와 인접해 있다. 이렇기 때문에 로마 시대 이후에는 북아프리카 공략을 위한 거점으로 이용되기도 했다. 지금은 북아프리카에서 출발한 난민들이 지중해를 통해 람페두사로 밀려들고 있다. 시칠리아 최남단인 이 섬은 튀니지까지 겨우 140㎞ 정도 떨어져 있어 아프리카에 더 가깝다. 지중해 난민으로 유명해진 람페두사에는 세계에서 가장 아름다운 10대 해변에 선정된 '토끼해변'이 있어 많은 관광객이 찾는데, 이처럼 시칠리아 해안에는 아름다운 해변이 즐비하다.

시칠리아는 지중해 중앙에 위치하고 있어 고대로부터 동서 문명 교류의 교차로가 되기도 하였으나 이러한 지정학적인 위치로 인해 오랫동안 다양한 외세의 침략에 시달리기도 했다. 한때는 그리스 본토를 능가하는 문화를 구가했던 만큼 시칠리아에 있는 그리스, 로마 문화 유적과 아름다운 자연환경은 근대 이후 유럽의 많은 지성인들이 선망하는 곳이 되었다. 지난 2020년 글로벌 여행사이트인 트립어드바이저에서 실시한 세계 베스트 여행지 추천에서 시칠리아가 당당히 7위를 차지한 바 있다. 참고로 1위는 런던, 2위는 파리였다.

그렇다면 왜 많은 사람이 시칠리아에 열광하는 것일까?
시칠리아는 다양한 문화, 역사, 자연, 음식, 와인 등 모든 것을 한 곳에서 보고 느끼고 즐길 수 있는 곳이라고 말할 수 있다. 먼저 지중해에서 가장 큰 섬으로 천혜의 자연경관을 가지고 있다. 유럽에서 가장 높은 에트나 화산(약 3,323m)이 있으며 부속 섬인 스트롬볼리에서는 아직도 화산활동이 일어나고 있다. 화산활동에 따라 오랜 세월 조성된 비옥한 유기질 토양에서는 로마시대부터 인정받은 품질 좋은 밀, 올리브, 오렌지, 아몬드, 야채 등 농작물은 물론 풍부한 미네랄 덕분에 품질 좋은 포도로 만든 다양한 와인도 생산되고 있다.

또한 그리스 본토보다 고대 그리스 신전이 더 많은 곳이자 비잔틴, 아랍, 노르만, 후기 바로크 양식으로 지어진 다양한 양식의 건축물을 볼 수 있다. 그리고 이곳에는 다양한 신화가 깃들어 있고, 역사에서 비롯된 흥미진진한 스토리가 넘쳐서 '신화의 땅'이라고도 불린다.

그뿐만 아니라 수많은 문화유적과 예술작품을 감상할 수 있다. 젊은 시절 애잔한 멜로디 속에서 가슴 설레며 봤던 주세페 토르나토레 감독의 「시네마 천국」과 「말레나」 그리고 세계적인 명작 「대부」를 비롯한 「그랑 블루」, 「스트롬볼리」, 「레오파드」, 「흔들리는 대지」, 「카오스」 등의 명장면의 현장에 서서 극 중 감동을 다시 한번 느낄 수 있다.

문학과 미술 기행도 빼놓을 수 없다. 이곳 출신으로 고대 그리스 3대 비극 작가로 불리는 아이킬로스가 쓴 「에트나의 여인」이 시라쿠사의 그리스 극장에서 초연됐다고 한다. 근현대에는 노벨문학상 수상자를 두 명이나 배출한 문학의 땅답게 시칠리아 곳곳에서 작가들의 애정과 헌신의 흔적을 엿볼 수 있다. 또한 이곳이 낳은 최고의 화가 '안토넬로 다 메시나'의 명작 중 하나로 뉴욕타임스가 15세기 작품 중 최고라고 평가한 「성모영보」, 이름 모를 화가가 그린 대작 「죽음의 승리」, 불운의 천재 화가 카라바조의 「성 루치아의 매장」을 감상할 수 있다면 그 감격은 더 오래 마음에 머물 것이다.

시칠리아 여행을 강추하는 다섯 가지 이유

'지중해의 진주'라고 불리는 시칠리아는 한마디로 모든 것을 겸비한 곳이다.

첫째, 원시시대에서 오늘에 이르기까지 수천 년에 걸친 인류 문화유산을 만나 볼 수 있다. 전 세계적으로 볼 때 시칠리아만큼 다양하고 독특한 문화유산을 집약적으로 가지고 있는 곳은 드문 것 같다. 청동기시대의 대표적인 유적지로 유네스코 인류문화유산으로 지정된 판탈리카 동굴, 신석기 거주터 유적인 칼라 준코, 고대 페니키아인들이 거주했던 모치아와 당시의 배 유적을 마르살라에서 볼 수 있다. 시칠리아는 그리스 본토보다 고대 그리스 신전이 더 많은 곳이다. 또한 유네스코의 엠블럼 모델이자 가장 잘 보전된 그리스 신전 중 하나인 콩코르디아 신전도 시칠리아에 있다. 셀리눈테는 유럽 최대 규모의 고대 유적 발굴 현장이며, 40여 곳에서 발굴한 유물을 여러 박물관에 전시하고 있다.

　　고르곤(셀리눈테 출토)　　　　　　시라쿠사 두오모 내부

　팔레르모 고고학 박물관에서는 그리스 신화의 유명한 장면을 구현한 메토페와 2,500년 이상 시라쿠사 대성당을 지탱하고 있는 도리스식 대리석 열주도 직접 만져볼 수 있다.

　비록 많은 수는 아니지만 로마 지배 기간의 유적도 남아있다. 가장 대표적인 곳을 들자면 내륙인 피아자 아르메리나에 있는 '빌라 델 카살레'이다. 이곳에서는 최초로 비키니를 입은 여성들이 운동을 하는 모습 등 다양하고 정교한 모자이크화를 볼 수 있다. 또한 세계 그 어느 곳에서도 보기 어려운 '비잔틴-아랍-노르만 양식'의 대성당과 교회, 그리고 육중한 성채도 둘러볼 수 있다. 에트나 산 기슭에 위치한 노토, 라구사, 모디카 그리고 카타니아 등에서는 1693년 대지진 이후 파괴된 도시를 재건하면서 화려한 후기 시칠리아 바로크 양식으로 지은 우아하고 화려한 성당들과 건축 등 근대 문화유적의 아름다움을 느낄 수 있다.

둘째, 곳곳에 다양한 신화와 전설이 깃들어 있고, 역사와 연관된 흥미진진한 스토리가 넘친다. 그래서 시칠리아는 '신화의 땅'이라고 불린다. 제우스에게 대들었다가 에트나 화산에 갇힌 티폰이 지금도 가끔 용을 쓰기 때문에 화산 분출이 언제 일어날지 모르고 카타니아 인근 해안에는「오디세이아」에 나오는 외눈박이 거인 키클롭스가 화가 나서 집어 던진 돌로 만들어진 섬도 볼 수 있다. 시칠리아에는 오디세우스가 방랑하며 들른 열한 곳 중 네 곳의 무대가 있는 곳이기도 하다. 에리체에서 운이 좋으면 '비너스의 키스'를 경험할 수 있고, '고대의 진주' 오르티지아에서는 물로 변한 님프 아레투사 샘과 자연에서 자라는 파피루스를 볼 수 있다. 19세기 말 이곳을 방문했던 모파상도 시칠리아를 '신의 땅'이라면서 제우스, 헤라 등 신들이 거주한 마지막 장소를 발견할 수 있다고 했다.

셋째, 시칠리아는 세계에서 유례를 찾아볼 수 없는 천혜의 자연환경을 가진 곳이다. 지중해성 기후로 겨울이 그다지 춥지 않은 이곳은 계절별로 다양한 모습을 감상할 수 있다. 온갖 꽃이 만발하는 봄철에는 마스네의 오페라「카발레리아 루스티카나」에 나오는 오렌지 꽃향기가 바람에 날리고, 환상적인 자카란다꽃은 혼이 빼앗길 만큼 아름답다. 그리고 고흐가 가장 행복한 시절에 그렸다고 하는 활짝 핀 흰 아몬드 꽃밭도 즐길 수 있다. 여름에는 팔레르모 인근의 몬델로 해변과 징가로 자연보호구역을 비롯한 섬 전체에 산재한 해변에서 에메랄드빛 지중해의 낭만을 만끽할 수 있다. 그뿐만 아니라 요트, 윈드서핑, 스쿠버다이빙 등 해양스포츠의 천국이라고 할 만한 곳이다. 실제로 타오르미나에서는 세계 다이빙 대회가 개최되었고, 이를 주제로 한 영화 「그랑 블루」도 이곳에서 제작됐다. 산을 좋아하는 사람들은 봄이나 가을에 에트나 화산을 비롯하여 천 미터가 넘는 마도니, 네브로디, 펠로리타니 산 등에서 기억에 남을 만한 산행을 즐길 수 있다. 석양이 지는 타오르미나의 고대 그리스 극장 계단에 서서 연기를 내뿜는 에트나 화산과 잔잔한 낙소스 해안을 내려다본다면 시칠리아에 오길 참 잘했다는 생각이 들 것이다.

넷째, 역사와 전통을 바탕으로 하는 수준 높은 문화와 예술을 즐길 수 있다. 시칠리아는 부유하고 활기 넘치던 고대 그리스 도시국가 시절, 시라쿠사와 아크라가스를 중심으로 활동하던 핀다르, 엠페도클레스 등의 극작가들이 초연 작품을 올린 시라쿠사의 그리스 극장 유적 등을 방문하면 수천 년 전의 함성과 감동이 지긋이 느껴진다.

또한 시칠리아 출신의 세계적인 영화감독 주세페 토르나토레의 「말레나」에 나온 두오모 광장에서는 캣워크로 걷던 모니카 벨루치의 연기를 재현해 보며 명작의 감동을 다시 한번 느낄 수 있다.

시칠리아 지방미술관(아바텔리스궁) 소장 15세기 종교화

그리고 르네상스를 대표하는 화가 안토넬로 다 메시나의 신비로운 「수태고지(성모영보)」와 「무명의 남자」 등 미술 교과서에 나오는 명화를 감상할 수 있다.

음악을 좋아하는 사람들은 이탈리아에서 두 번째로 규모가 큰 마시모 극장을 방문해 가이드 투어에 참가하거나 공연을 즐길 수도 있다. 이 밖에도 카타니아를 비롯해 주요 도시에는 훌륭한 공연 시설이 많은 만큼 시간을 내어 방문한다면 여행의 추억을 더 쌓을 수 있을 것이다.

시칠리아는 노벨문학상을 두 명이나 배출한 문학의 현장이기도 하다. 루이지 피란델로의 연극과 모디카 출신 콰시모도의 아름답고 순수한 시뿐만 아니라 근대 부르봉 왕가의 독재에 저항하는 작품 등을 쓴 카밀레리와 샤샤가 태어나고 활동한 곳을 찾아보는 것도 의미가 있을 것 같다.

다섯째, 시칠리아는 최고의 와인과 다양하고 환상적인 요리의 본거지이다. 시칠리아 음식은 이탈리아에서도 알아준다. 식사 때마다 미네랄이 풍부한 화산 토양에서 자란 포도로 만든 와인과 마르살라 지역에서 생산한 주정강화 와인의 풍미를 즐길 수 있다. 오래전부터 비옥한 토지에서 자란 품질 좋은 밀로 만든 빵과 파스타는 물론, 인근 바다에서 잡은 싱싱한 생선 등 해산물과 올리브로 요리한 다양한 파스타 그리고 향긋하고 달콤한 디저트와 젤라토를 맛볼 수 있다.

이렇듯 시칠리아는 정말이지 매력적인 곳이다. 물론 저마다의 기호와 선호에 따라 좋아하는 곳이 다를 수 있다. 우리는 통상 파리, 런던, 베를린, 뉴욕 그리고 로마 등이 세계적인 관광지라고 한다. 많은 사람이 가본 곳이다. 하지만 나는 시칠리아를 다녀온 후 시칠리아야말로 평생에 꼭 한 번은 가 봐야 할 곳으로 권하고 싶다. 앞에서 언급한 곳들과는 차원이 다른 곳이 바로 시칠리아로, 절대 후회하지 않을 추억을 쌓을 수 있는 곳이라고 생각한다.

PART II

시칠리아 일주 시작, 북서부

036	팔레르모 공항 인근에서 첫날밤, 치니시
041	아! 푸른 꽃, 자카란다
044	몬레알레로 가는 길에서 생긴 해프닝
047	'중세의 보고' 몬레알레 대성당과 베네딕토 수도원
051	서양에 처음 공식적으로 알려진 코리아
060	시칠리아 최고의 해수욕장, 몬델로 해변
064	이곳보다 더 아름다운 곳이 있을까, 스코펠로
072	카르타고로 향하라! 마르살라
080	최고의 와인과 2천 년 역사의 염전, 마르살라
092	중세로의 시간여행, 에리체

팔레르모 공항 인근에서 첫날 밤, 치니시

팔레르모(팔코네-보르셀리노) 국제공항 활주로

인천국제공항을 떠나 두바이와 밀라노를 거치는 장시간의 비행 끝에 드디어 시칠리아가 시야에 들어온다. 창밖으로 굴곡진 팔레르모 해안과 웅장한 비토곶이 보인다. 알 이탈리아 비행기가 부드러운 활강을 거쳐 드디어 팔레르모(정식 명칭은 팔코네-보르셀리노) 공항에 착륙하였다. 무엇보다

창밖으로 보이는 거대한 바위산이 무척 인상적이다.

드디어 시칠리아다. 여름에는 전 세계에서 수많은 관광객이 찾는 국제공항이지만 우리나라 국내선 공항 정도 규모로 아담하다. 비행기에서 내려 공항 청사로 들어가니 백설공주와 일곱 난쟁이가 환영한다.

주세페 베네치아노 전시회 광고(팔레르모 공항 입국장)

처음에는 어린이를 위한 디즈니 애니메이션 광고인 줄 알았다. 수화물이 나오기를 기다리면서 자세히 들여다보니 팔레르모의 한 미술관에서 진행 중인 전시회 안내였다. 강렬한 햇빛과 투명한 바닷물 색처럼 원색이 인상적이다. 이 그림은 '뉴 팝'이란 콘셉트로 활발하게 작품 활동 중인 주세페 베네치아노의 작품이다. 이번 주제는 '판타지'인데 그는 기존 예술작품 등을 패러디함으로써 마치 로이 리히텐슈타인 작품처럼 독특한 인상을 준다. 이처럼 시칠리아는 아름다운 자연으로 인해 많은 예술가를 배출했다. 안토넬로 다 메시나, 피에트로 노벨리, 프란체스코 로자코노 등이 있으며 현대 작가로는 자신만의 화풍으로 세태와 풍경을 주로 그린 레나토 구투소 그리고 전통과 형식을 거부하면서 동적인 모티브를 강조한 미래주의 화가 피포 리초, 조반니 바르바로 등이 있다.

 미리 도착해 있던 J가(263쪽 참고) 반갑게 맞이해 준다. 늦은 오후 팔레르모에 도착하는 일정이라 공항 인근에 있는 치니시에 숙소를 예약했기 때문에 호텔 일 피라타로 출발했다. 도로 주변은 생각했던 것 이상으로 이국적이다. 숙소로 가는 도중 오른편에 바다가 쭉 이어진다. 저 멀리 인스타그램에서 자주 봤던 '이솔라 델레 페미네' 섬이 익숙하게 보인다. 늦은 봄부터 여름 내내 비가 거의 내리지 않아서 그런지 도로 양옆의 황량한 바위산과 집들의 색깔이 지중해 특유의 황토색 혹은 테라코타색이다. 이곳 사람들은 왜 이 색깔을 생활에 많이 적용하는지 잘 모르겠지만 한여름 강렬한 햇볕으로 인한 더위를 이겨내고 자연과 조화롭게 어울리면서 살고자 하는 의도인 것 같다.

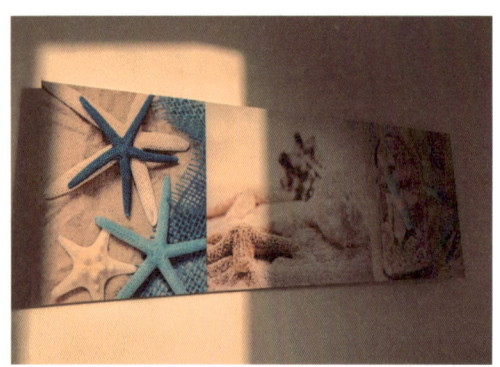

치니시 숙소 '일 피라타' 실내

드디어 호텔에 도착했다. 이 호텔은 우리 식으로 말하면 대중 음식점인 트라토리아도 겸하고 있다. 인근 주민들에게도 인기 있는 곳으로 오픈한 지 반세기가 되었다고 한다. 그래서 그런지 50주년 행사와 관련한 각종 포즈의 사진이 즐비하게 걸려 있다. 체크인을 마치고 방에 짐을 푼 다음 지중해의 석양을 보기 위해 차를 타고 바로 인근 해변으로 향한다. 다행히 해가 곧 질 것 같다. 일몰 때 붉게 물드는 하늘을 생각했는데 바다 끝에 구름이 깔려 있어서 여느 일몰과 별 차이가 없다. 아쉬움을 가진 채 숙소로 돌아와 지역 맥주인 모레티 한 잔과 파스타로 늦은 저녁을 마친다. 잠시 밖으로 나가 시칠리아의 신선한 밤공기를 마시고 하늘을 올려다보았다.

다음 날 아침, 일찍 일어나 테라스로 나갔다. 청명한 하늘에 공기도 상쾌하다. 시칠리아 온 것을 이제야 실감한다. 아침 식사는 오렌지, 포도, 바나나 등 싱싱한 과일과 햄, 치즈, 요구르트, 크루아상 등 푸짐하다. 어제는 늦은 밤까지 손님이 많더니 아침에는 부부 한 쌍뿐이다. 이탈리아는 역시 커피라더니 진한 에스프레소의 향과 맛이 일품이다. 이제껏 마셔본 커피 중 최고라는 생각이 든다.

레스토랑의 사방 벽면에는 주인장의 부모, 가족, 친지들의 흑백사진은 물론, 지난해 개업 50주년을 기념하여 지인, 고객들과 함께 찍은 사진액자와 페넌트 그리고 선물로 받은 해산물을 주제로 한 기념 접시 등이 가득하다. 이탈리아는 유럽 국가 중 유독 가족을 매우 중시하는 나라다. 더구나 남부 이탈리아, 더구나 시칠리아에서는 가족이 모든 것에서 최우선이라고 한다. 부부와 가족의 오래된 흑백사진을 보면서 어릴 때 시골에 계신 할아버지 집을 방문했을 때가 떠올랐다. 대청에서 안방으로 들어가는 벽에 걸려 있던 흑백 가족사진은 이제는 더 이상 보기 힘든 장면이 되고 말았다. 세상은 첨단화하고 모든 게 쉬워졌는데 가장 기본이라고 할 수 있는 가족, 일가친지 등은 남과 같아지는 것 같아 아쉽다.

'일 피라타' 개업 50주년 기념 테라코타 명판과 사진 액자

아! 푸른 꽃, 자카란다

오늘부터 본격적인 시칠리아 여행의 시작이다. 오늘은 팔레르모 인근의 몬레알레 대성당과 몬델로 해수욕장을 거쳐 영문 여행 책자 DK의 표지에 나오는 아름다운 스코펠로에 들렀다가 비토 씨가 사는 마르살라까지 가야 하는 강행군 일정이다. 어제 왔던 E90번 도로를 역으로 주행하면서 다시 팔레르모를 향해 출발했다. 양쪽에 나무 한 그루 없는 돌산과 빨간 지붕을 한 나지막한 주택들이 인상적이다. 집들은 높지도 낮지도 않은 산 중턱에 많이 자리 잡고 있다. 여름에는 워낙 더운 지역이라서 집들도 더위를 피하기 위한 구조로 지어졌다는 글을 본 것 같다.

그런데 갑자기 도로변 나무에 핀 화사한 원색의 보라색 꽃이 시선에 확 들어온다. 그렇다. '푸른 꽃!' 고교 시절 내가 읽었던 책

제목이다. 지금은 미국에 이민을 가 살고 있는 친구가 있는데, 그때는 그 친구가 문학도여서 덩달아 문학과 예술에 관심을 쌓아가던 시절이었다. 특히 나는 당시에 괴테나 토마스 만, 헤르만 헤세 등에 대한 관심을 가졌지만 상대적으로 잘 알려지지 않았던 작가에 대해서도 섭렵할 만큼 독일 문학에 흥미를 가졌다. 내가 흥미를 가진 대표적인 작가 중 한 사람이 독일 낭만주의를 대표하는 '노발리스'다. 그가 쓴 「푸른 꽃」은 제목만으로도 관심을 끌 수밖에 없었다. 물론 잘 이해가 안 돼 어느 정도 읽다 책장을 덮었지만 '푸른 꽃'이라는 환상적인 이미지와 순수한 사랑 이야기는 오랫동안 가슴에 지니고 있었다. 그런데 그 '푸른 꽃'을 시칠리아에서 만난 것이다. 정말 환상적인 색깔이었다. 이후 여행 내내 이 환상의 나무 그리고 활짝 핀 꽃이 뇌리에서 떠나지 않았다.

노발리스와 조피의 낭만적인 사랑에 대해서는 영국 최고의 문학상인 부커상을 수상한 '피넬로피 피츠제럴드'가 쓴 동명의 소설로 재현된 바 있다.

나중에 바로크풍의 건물들로 유명한 노토를 방문하기 위해 주차를 하고 차에서 내린 순간 바로 앞에 우뚝 솟아 있는 푸른 꽃을 보고 한참 동안 자리를 떠나지 못했다. 주위 사람들에게 번역기까지 써가며 나무 이름을 물었지만 아무도 아는 사람이 없었다. 여행이 마무리될 무렵에 한 현지인을 통해 나무의 이름이 '자카란다'라는 것을 알게 됐다. 5~6월에 만개하는 자카란다는 이름도 독특하지만 푸른 하늘을 배경으로 만개한 모습은 정말이지 숨이 멎을 것처럼 아름다웠다. 브라질이 원산지인 자카란다는 미국 서부 해안, 호주 그리고 남아공 등에서도 볼 수 있다고 한다. 봄날 시칠리아에 가면 꼭 만나 보시길….

꽃이 만개한 자카란다

몬레알레로 가는 길에서 생긴 해프닝

　　　　　　　　　　시내가 가까워지면서 차들도 많아지고 정신없이 달린다. 오기 전에 팔레르모의 교통상황, 특히 과격한 운전에 대해서는 들었지만 여간 심각한 게 아니다. 이곳은 주변 도로에서 수시로 중심 도로에 들어오고 나갈 수 있어 운전하면서 잠시도 긴장의 끈을 놓을 수가 없다. 우리는 팔레르모시 외곽 도로를 타다가 몬레알레로 갈 수 있는 작은 도로로 접어들었다. 그런데 갑자기 차량 오른쪽 앞쪽에서 '덜컹'하는 소리와 함께 충격이 있어 내려서 보니 뒤쪽 타이어가 찢어져 있었다. '아! 이제 시칠리아 여행 시작인데….' 이런 난감한 일, 전혀 예상치 못한 상황이 일어난 것이다.

　　서울 같으면 바로 보험사에 연락해 조치를 받거나, 독일 여행 중인 경우 ADAC 응급출동 서비스를 받을 텐데 정말 어찌해야 하나 막막했다. 렌터카 회사에 전화해도 자동응답기에서 이탈리아 말로만 나오는 바람에 전혀 도움이 안 되었다. 타이어에 문제가 있어도 어느 정도는 주행할 수 있다고 알고 있어 가까운 주유소까지 가서 도움을 받으려고 출발했다. 그런데 채 200m도 못 가 차가 다시 멈췄다. 정말 앞이 노래졌다. '이제 어떻게 해야 하나', '어떻게 도움받을 수 없을까' 하는 다급한 마음에 차에서 내려 주위를 돌아보는데, 앗! 바로 앞에 카센터 간판이 보였다. 이게 무슨 행운이란 말인가. 얼른 내려서 공장 안으로 들어가 직원에게 사정을 설명하고 수리를 부탁하려고 했는데 말이 안 통했다. 답답한 심경에 휴대폰 번역기로 겨우겨우 상황을 설명했다. 하나를 해결하니 또 장애물이 나타났다. 이 공장에는 차에 맞는 타이어가 없다는 것이다. 그때 갑자기 트렁크에 예비 타이어가 있을 수도 있다는 생각이 들었다. 다행히 타이어는 있었다. 카센터 직원 둘이 차량을 올리고 한 사람이 차 밑으로 들어가 타이어를 교체해 주었다. 그들은 우리 문제를 흔쾌히 처리해주었고, 수리비도 받지 않겠다고 사양했다. 너무 고마워 몇 번이나 "그라치에! 그라치에 밀레!"를 외쳤다.

 문득 오래전 독일에 있을 때 북구 여행을 떠나 유틀랜드 반도를 거쳐 스톡홀름으로 가던 중 차에 문제가 생겨 부득이 여행을 중단하고 돌아와야 했던 기억이 떠올랐다. 인적이 드물거나 의사소통이 안 될 때는 정말 답이 없다. 그럴 때마다 현지인의 도움으로 상황을 모면하는 게 대부분이다. 그래서 여행자는 늘 겸손한 자세로 여행해야 한다.

다행히도 예비 타이어는 여행이 끝날 때까지 잘 버텨 주었다. 지금 생각해도 아찔한 순간이었고 참 운이 좋기도 했다.

'중세의 보고' 몬레알레 대성당과 베네딕토 수도원

여행 초반부터 문제라니! 그래도 정말이지 불행 중 다행, 액땜한 것 같은 생각이 들었다. 전혀 예상치 못했던 해프닝으로 계획했던 것보다 시간을 허비하였기 때문에 마음이 조급했다. 그런데 내비게이션이 자꾸 이상한 길로 안내한다. 가파른 2차선 도로는 계속 커브 길이다. 창문 밖을 쳐다보니 아래가 아찔하다. 다행히 길을 바로잡아 행선지로 향한다.

몬레알레 대성당은 팔레르모로부터 남서쪽으로 약 17㎞ 떨어진 곳에 위치한 해발 300m 카푸토산 중턱에 있다. 고대부터 이곳은 팔레르모 전 시가지와 바다가 보이는 전망 좋은 곳이다. 저 멀리 드넓은 평야 콩카도로(Conca d'Oro)가 보인다. 지금은 주거지와 올리브 농장으로 쓰이지만 로마시대에는 품질 좋은 밀 등의 곡식을 공급하는, 그야말로 '제국의 비옥한 농토'였다.

몬레알레 대성당 옥상에서 내려다 본 콩카도로

 우여곡절 끝에 공영주차장이 있는 팔레르모가로 들어섰다. 도로가 생각보다 좁다. 그런데도 차들이 휙휙 빠른 속도로 지나가 정신이 하나도 없다. 정말이지 어렵게 주차했다. 시칠리아에서 렌터카를 이용해 운전할 때 주의해야 하는 사항 중, 가장 신경 써야 하는 것은 '진입 금지' 표지가 있는 곳은 반드시 피해야 한다는 점이다. 또한 일부 관광지에서는 주차장을 찾기 어렵고 그나마 어렵게 찾더라도 주차난이 매우 심하다. 운행하는 중 가끔 보게 되는 피아트 초소형 차를 보면 왜 이들이 소형차 위주인지 이해가 간다. 차에서 내리니 한낮의 더위가 훅하고 달려든다. 드디어 노르만 건축의 진수라는 대성당, '두오모 산타 마리아 누오바'에 도착했다. 노르만 시대에 건립된 성전은 사진에서 보았던 것처럼 외관이 매우 단순하고 투박하다. 그동안 유럽을 여행하면서 노트르담 대성당,

베드로 대성당, 쾰른 대성당 같은 웅장하고 화려한 성당들을 보았기 때문인지 약간 실망감이 든다.

몬레알레 대성당은 팔레르모 대성당, 체팔루 대성당과 함께 시칠리아의 3대 대성당에 속한다. 세 성당 모두 아랍-노르만 건축양식의 대표적인 건물로 인정받아 2015년 유네스코 세계문화유산에 선정됐다. 몬레알레 대성당은 1172년 당시 굴리엘모 2세(영어로 윌리엄 2세)가 이곳으로 사냥을 왔다가 성모마리아의 계시를 받아 짓게 되었다는 전설이 있다. 이와 관련해서는 당시 노르만 왕조 초기의 안정적 통치를 위해 교황과의 관계를 의식하지 않을 수 없는 정치적 고려에 따라 지어졌다는 설도 있다. 열주에는 굴리엘모 2세가 몬레알레 대성당을 성모님께 바치는 부조상이 새겨져 있다.

노르만 왕조는 원래 10세기경 영국과 프랑스 노르망디 일대를 통치하던 세력이었는데 점차 지중해 일원에 대한 관심을 높이다가 마침 이곳을 지배하던 이슬람 세력이 약해진 틈을 타 1072년 루제로 1세(영어로 로저 1세)가 이들을 몰아내고 통치하기 시작하였다. 아들 루제로 2세는 교황으로부터 인정받아 1130년 시칠리아 왕국의 첫 번째 왕이 되었다. 그는 이후 중세에서 가장 뛰어난 인물로 인정받는 신성로마제국 황제이자 시칠리아 왕인 프리드리히 2세의 할아버지다. 시칠리아를 통치하기 시작한 노르만 세력은 상당히 합리적으로 지배력을 행사하였다. 소수인 자신들의 지배력을 강화하기 위해 다수의 아랍인, 그리스인, 유대인들에 대해 관용과 포용 정책을 펼쳤다. 이러한 통치 기술은 로마와 유사했다. 그들은 무력이나 종교에 의한 지배가 아니라 기본적으로 법에 의한 지배를 행사하고자 했다. 따라서 언어나 관습 그리고 종교가 달라도 심하게 탄압하지 않고 관대히 수용했다. 현재 우리가 보게 되는 아랍-노르만 양식의 건축물들은 이런 포용과 융합이라는 가치가 합쳐진 결과라고 할 수 있다. 루제로 2세 때에는 다양한 학문과 과학 분야의 발전이 많았던 시기였다.

서양에 처음 공식적으로 알려진 코리아

　　　　　　　　　우리나라가 서양에 알려진 것은 고려 시대에 예성강까지 와 교역했던 대식국 즉, 아랍인 대상들에 의해서라고 한다. 그러나 우리나라가 공식적으로 서양에 처음 소개된 것은 노르만 시칠리아 왕국 궁정이 아닐까 추측해 본다. 당시 시칠리아 왕국의 초대 왕이던 루제로 2세는 관용과 포용 정책으로 그들이 정복했던 아랍인, 그리스계 주민, 비잔틴인, 로마 후예 그리고 유대인들을 왕국의 주요 관직에 등용했다. 이들 중 이슬람교도로서 세계지도를 만들었던 인물이 우리의 관심을 끈다. 주인공은 현재 모로코 내 스페인 영토인 세우타 출신의 과학자이자 지리학자인 '무하메드 알-이드리시'다. 그는 루제로 2세의 측근으로 18년간 왕정에서 활약하면서 1154년에 세계지도인 '타불라 로제리아나'를 만들어 왕에게 바쳤다. 중세 세계지도 중 가장 완성도가 높은 것으로 평가되고 있는 이 지도는 훗날 이슬람 항해가인 이븐 바투타는 물론 신대륙을 발견한 콜럼버스나 바스코 다 가마 등이 많이 참고하였다고 한다.

알-이드리시가 제작한 지도에는 중국을 소개하면서 흥미롭게도 지도 맨 끝에 신라(지도에는 Sila로 표기)를 소개하고 있는데 아마도 신라를 직접 방문했거나 중국인들을 통해 신라를 알게 된 아랍 상인들의 이야기를 토대로 병기한 것으로 보인다. 아마도 그가 동방 맨 끝에 위치한 신비로운 나라 신라를 왕국에 소개하였을 것으로 추정해 본다. 당시에는 고려에서 무신의 난이 일어났을 시기여서 적지 않은 시차가 있지만 아랍인들이 신라를 동방의 신뢰할 수 있는 국가로 인식하게 되는 데 크게 기여한 것으로 평가되고 있다.

루제로 2세는 20세기 들어와 폴란드 출신 작곡가인 카릴 시마노브스키가 1926년에 작곡한 3막 오페라 「로저왕」을 통해 소개되기도 하였다. 시마노브스키는 이 오페라를 '시칠리아 드라마'라고 불렀는데, 이는 자신이 제1차 세계대전이 발발하기 직전에 시칠리아를 포함하여 지중해 여러 지역을 여행하면서 보고 들은 내용을 토대로 작곡한 것이기 때문이다.

일반적으로 유럽에 있는 대부분의 성당은 제단 반대 방향에 출입문이 있는 반면, 이곳에서는 제단 오른쪽에 있는 청동 문으로 입장하게 되어 있다. 장엄한 공간과 어두움 속에서 빛나는 황금빛 모자이크가 숨을 멎게 한다. 놀라움을 넘어 절로 숙연해졌다. 사방 모든 면은 물론 기둥까지 장식된 황금빛 모자이크 규모에 그저 입을 다물 수밖에 없다. 12세기에 시칠리아 전역에서 온 장인들은 물론 동로마제국의 장인까지 동원하여 만든 것이다. 전부 합치면 6,400㎡, 그러니까 약 2천 평쯤 된다. 황금과 대리석 그리고 테세라로 제작된 모자이크는 거의 900년이 지났지만 광채와 색깔은 여전히 완벽하다. 흔히 베네치아에 있는 성마르코 대성당의 황금 모자이크가 유명하다고 하지만 그것을 능가한다는 평가를 들을 만하다. 천지창조, 노아의 방주, 에덴 추방, 출애굽기 등 구약의 40여 개 주요 장면이 그려져 있다. 모자이크화 아래에는 라틴어로 내용을 소개하고 있는데 인터넷에서 찾아볼 수 있다. 신앙심이 깊은 신도라면 차분하게 앉아 성서 내용이 어떻게 그려졌는지 살펴보는 것도 의미가 있을 것 같다.

동쪽 제단 쪽에 사람들이 많이 몰려 있다. 높은 곳 움푹 함몰된 반구형 공간(건축학에서는 앱스- Apse라고 한다)에 거대한 예수께서 팔을 벌리고 있다. 말로만 듣던 '판토크라토르'다. 서울 태평로 부근에서 근무할 때 가끔 들렀던 서울성공회성당 내부에서 본 적이 있는데 이곳 시칠리아에서 보게 되니 반갑기도 하고 또 다른 느낌을 갖게 된다.

카톨릭평화신문(2017.8.13)에 의하면 판토크라토르는 규모가 큰 성당에서 볼 수 있는 예수 그리스도의 권능과 위엄을 나타내는데 헬라어로 '전지전능하신 분'이라는 뜻이 있다고 한다.

몬레알레 대성당의 판토크라토르와 성모상

그리스도의 얼굴은 성당마다 조금씩 다르지만 오른손으로 강복을 빌고 왼손에는 복음서를 들고 있는 것은 유사하다. 특히 오른손 손가락 중 굽어진 세 손가락은 삼위일체이신 하느님을, 펼친 두 손가락은 그리스도의 신성과 인성을 나타낸다고 한다. 판토크라토르 바로 아래에는 성모마리아와 예수 그리고 사도들이 그려져 있다. 인물 크기는 그리스도상에 비해 다소 작은 느낌이 드는데, 그리스도를 상대적으로 부각하려는 의도가 있지 않을까 생각해 본다. 성모님이 안고 있는 아기 예수도 한 손에 둘둘 마른 종이를 들고 있다.

제단 오른쪽 아래에 성모님과 아기예수상이 있다. 우리가 통상 성당에서 보는 것과 유사하다. 초를 켜 올리면서 이번 여행의 안전과 천주교인이신 어머님의 안녕을 기원해 본다. 이곳에서는 이 성당을 건립한 노르만 왕조의 굴리엘모 2세와 선왕인 굴리엘모 1세 내외 그리고 아들인 루제로와 하인리히가 영면하고 있는 대리석 관을 볼 수 있다. 대성당의 바닥은 주로 흰색이지만 다양한 색깔의 테세라로 촘촘하게 박아 만들었는데 문양은 완전한 이슬람식이다. 그러니까 스페인 알 함브라궁에서 보았던 아라베스크 문양으로 기하학적 문양의 극치를 이룬다. 잠시 주저앉아 닳고 닳아 반들반들한 타일을 만져본다. 서늘한 느낌이 들면서 900여 년 동안 묵묵히 세월을 견뎌 온 대성당의 역사를 생각해 본다.

몬레알레 대성당 모자이크 바닥과 조각상

　단순하지만 장엄한 외관과 화려한 모자이크로 강렬한 인상을 받은 대성당에 대한 아쉬움을 간직한 채 부속되어 있는 베네딕토 수도원에 가려고 보니 어디로 가야 할지 혼동이 되었다. 마침 구석에 서 있던 연세 드신 안내원에게 물어보니 옆 계단으로 올라가면 지붕 위에서 멋진 전망을 볼 수 있다고 설명해 준다. 미술관이나 박물관을 관람할 때도 직원에게 물어보면 뜻밖의 좋은 정보를 얻을 수 있다. 여행의 지혜이다.

　독일에 있을 때 드레스덴을 방문해 회화관에 들렀을 때다. 라파엘로의 시스티나의 성모 그림을 관람할 때 지긋하게 나이 든 직원이 서 있었다. 그에게 독일어로 인사를 했더니 반가워하면서 성모상을 특별하게 볼 수 있는 방법을 알려주었다. 성모님과 눈을 마주한 다음에 좌우로 이동하면 성모님의 시선도 보는 사람을 따라

몬레알레 베네딕토 수도원 전경

온다는 것이었다. 정말 그랬다. 참으로 신기한 경험을 했는데 그 이후로 미술관이나 박물관에 갈 때 직원의 안내를 받으면 뜻밖의 유익한 정보를 얻기도 했다.

좁고 가파른 계단을 오른다. 밖으로 나오니 대성당 남쪽 지붕이다. 탁 트인 파란 하늘과 함께 아름다운 사각형 정원과 주황색 기와로 덮힌 수도원 건물이 보인다. 지붕 위에 놓인 협소한 통로에서 사진을 찍다 보니 다른 사람들이 기다리고 있다. 목소리를 들어보니 독일인 가족이었다. 역시 독일인들은 전 세계 여행 마이스터다. 동양인이 시칠리아에서 독일어로 말을 걸어오니 놀라면서도 반가워한다. 마인츠에서 온 가족인데 여름 휴가차 왔다고 한다. 서로 안전하고 즐거운 여행이 되길 바란다는 인사를 나누고 헤어졌다. 통로는 성당 본체 동쪽으로 이어진다. 저 멀리 팔레르모 시내와 바다 그리고 말로만 듣던 콩카도로 평원이 아스라이 보인다.

베네딕토 수도원 회랑과 전경

계단을 내려와 다시 건물을 돌아 베네딕토 수도원으로 입장한다. 수도원은 대성당보다 4백여 년 뒤인 중세 때 건립되었는데, 중세 수도원의 특징인 주랑이나 회랑을 갖추고 있다. 이곳은 원래 수도사들이 지내는 공간이기 때문에 일반인의 출입이 제한되던 곳으로 주변을 돌아가며 주방 시설과 도서실, 세탁실 등이 배치된 구조이다. 주랑은 영어로 '클로이터(Cloiter)'라고 하는데, 독일어로 수도원이라는 단어인 '클로스터(Kloster)'나 우리나라의 판교 클러스터 등 기술 집합 지역을 의미하는 클러스터가 여기서 비롯된 것이다. 가로세로 각각 47m 정사각형 주랑이 가운데 정원을 둘러싸고 있다. 자료에 의하면 총 228개의 기둥으로 이루어져 있다고 한다. 기둥에는 인물이나 꽃문양이 부조되어 있는데 하나하나 모양이 다르다. 흰 대리석 기둥도 있지만 투박한 석회암으로 제작된 것도 있으며, 서로 감아 돌아가는 형태의 홈을 판 기둥이 대부분이다.

다른 수도원에 있는 기둥들이 단순한 데 비해 이곳은 매우 화려한 편이다.

19세기 말 시칠리아 여행에 나섰다가 이곳을 잠시 방문한 모파상은 대성당에 대해서는 간단하게 평가하면서 수도원에 대해서는 극찬한 바 있을 정도로 정원과 주랑이 아름답다. 반면, 1787년 봄 이곳을 방문했던 괴테는 다른 곳에서 많이 봐서 그런지 아니면 고대 유적에 주로 관심을 두어서 그런지「이탈리아 기행」에서 시칠리아의 다른 곳들은 매일 상세하게 기록한 데 비해 수도원에 대해서는 별다른 언급을 하지 않았다.

좀 더 여유를 가지고 꼼꼼히 보고 싶은 생각이 있었지만 예상치 못한 차량 수리에 적지 않은 시간을 빼앗겼기 때문에 대성당 광장 앞 젤라테리아인 '미르토 디 미르토 로사리오'의 야외 파라솔 밑에서 간단하게 빵 한 조각과 아이스크림으로 점심을 해결하고 다음 방문지인 몬델로 해변으로 향한다. 그러자면 다시 팔레르모 시내로 들어가 E20번 도로를 타고 약 20km 더 가야 한다.

대성당 앞 젤라테리아의 젤라토와 빵

시칠리아 최고의 해수욕장, 몬델로 해변

달리는 차들의 운행이 만만치가 않다. 역시 팔레르모는 듣던 대로 운전하기 어려운 도시다. 도로 좌우의 건물들은 그다지 높지 않고 부분적으로 낡고 쇠락한 느낌이 든다. 글로벌 경기침체와 높은 실업률이라는 문제도 있지만 아프리카, 시리아 등에서 몰려드는 불법 이주민 등이 시 외곽 슬럼으로 몰리는 이유도 있다. 팔레르모 시민의 주말 휴식처이기도 한 몬델로 해변은 팔레르모 시내 중심에서 북쪽으로 약 10㎞ 정도 떨어져 있다. 시칠리아는 여름이 엄청 덥기 때문에 직장인들도 퇴근 후 많이 찾는 곳이라고 한다. 과거에는 조그마한 어촌이었는데 19세기부터 부유층들의 빌라가 생기면서 더 커진 곳이다. 해변에 가까워지면서 지난 세기에 건립된 것 같은 아르누보 양식의 2층 빌라들이 많이 보인다.

에메랄드빛 몬델로 해변

　주말을 앞둔 금요일 오후라 그런지 입구부터 차가 꽤 밀린다. 그뿐만 아니라 내비게이션에서 알려주는 주차장 정보가 미리 알아 놓은 정보와 다르다. 마침 해변도로 중간쯤에서 골목에 있는 지하 주차장으로 들어갔다. 완벽한 주차시설이 되어 있는 것이 아니고 직원이 요령껏 해주는 발렛 주차장이다. 밖으로 나오니 바로 길 건너편이 해수욕장이다. 비치파라솔이 설치된 곳은 돈을 내고 빌리는 곳이고 나머지는 자신이 가져온 수건이나 자리를 이용하는 식이다.
　에메랄드빛 바닷물은 속이 훤히 보일 정도로 투명하다. 모래도 아주 곱고 부드럽다. 지중해에 들어가 보려고 수영복을 준비해 왔지만 옷을 갈아 입고 씻기까지 하려면 시간이 오래 걸릴 듯해서 아이쇼핑, 아니 눈으로만 해수욕을 즐겨야 했다. 그런데 강렬한 햇볕이 문제다. 어쩔 수 없어 아까부터 계속 따라다니면서 간이파라솔

시칠리아의 대표적인 해수욕장, 몬델로 해변

을 사라고 하는 아프리카 출신 청년에게 10유로를 주고 파라솔을 샀다. 파라솔은 제 역할을 톡톡히 했다. 햇볕을 가리자 더위도 견딜만하고 눈도 한결 편해졌다.

파라솔 아래에서 타월을 깔고 누워 밀려오는 파도와 뛰어노는 아이들, 멋진 몸매를 자랑하는 청년들, 그리고 멀지 않은 곳에 우뚝 솟아 있는 돌산인 '몬테 펠레그리노'와 '몬테 갈로'를 보고 있자니 진짜 지중해로 피서 온 것 같은 기분이다. 옆 의자에 앉아 책을 읽던 할머니가 말을 건다. "멀리서 온 것 같은데 왜 수영을 안 해요?" 나는 답을 하는 대신 할머니에게 질문을 했다. "그동안 살아오신 삶에 대해 어떻게 생각하시나요?" 할머니는 잔잔한 미소를 띠며, "시간은 참 빠르니까 지금 하고 싶은 것을 꼭 다하세요"라고 대답했다. "아, 카르페 디엠이요?" 할머니는 카르페 디엠 같은 건 모른단다. 라틴어니 이해할 줄 알았는데 아닌가 보다.

시칠리아 여행 중에 해수욕을 하고 싶다면 몬델로 해변을 강력히 추천하고 싶다. 여기서 조금 더 가면 '징가로 자연보호구역'이 있지만 접근성도 떨어지고 환경보호 차원에서 음식점 하나 없는 곳이어서 장기 체류할 때나 가볼 만하다. 나머지 대부분 해변은 바닥이 돌로 되어 있어 거칠거나 모래나 수질이 몬델로에 비해 떨어진다. 그 밖에 몬델로에서 멀지 않은 '산 비토 로 카포 해변', 아그리젠토 부근의 '산 레오네', 셀리눈테 인근의 '포르토 팔로 디 멘피'와 '마리넬라 해변' 등이 좋다고 한다.

카스텔라마레 델 골포로 가는 길에 들른 해수욕장

이곳보다 더 아름다운 곳이 있을까, 스코펠로

낭만적인 토나라 디 스코펠로 전경

지중해까지 와 해수욕도 못 하고 떠나야 하는 아쉬움을 안고 스코펠로로 향한다. 다시 E90번 고속도로를 따라 서쪽 방향으로, 그러니까 팔레르모 공항 방향으로 가

스코펠로로 가는 도로

다가 아랍-노르만 시대 주요 항구였던 카스텔라마레 델 골포에서 국도로 바꿔 타야 한다. 약 67㎞, 한 시간 정도 걸릴 듯하다. E90번 고속도로를 타고 서쪽으로 가다 알카모 부근 인터체인지에서 SS187번 도로로 바꿔 타서 카스텔라마레 델 골포 방향으로 나간다. 티레니아해를 바라보고 있는 카스텔마레 델 골포는 고대부터 인근 내륙지방에서 이용하는 항구도시였다. 특히 아랍-노르만 시대에는 중요한 항구 역할을 했던 곳으로 완만하게 곡선으로 펼쳐진 만과 우아한 가옥들이 많은 곳이다.

도시 외곽을 벗어나자 왼쪽으로 높은 산이 있는 해안가 절벽도로로 올라간다. 정상에 거의 올랐을 때 오른쪽에 전망대가 있어 차를 세우고 내렸다. 아… 정말 잊지 못할 전망이다. 아득히 멀리 팔레르모 공항이 보이고 잔잔한 바다까지 한눈에 들어온다. 저 아래 해안가에 보이는 집들이 마치 성냥갑 같다. 다시 출발하여 지방도인 SP63번으로 갈아 탄 뒤 귀달로카 해변을 지나 드디어 스코펠로에 도착하였다.

스코펠로로 가는 도중 언덕 위에서 본 카스텔라마레 델 골포

　스코펠로는 자그마한 어촌이지만 시칠리아의 매력을 오붓이 느낄 수 있는 곳이다. 여행지의 주요 건축물을 입체도면으로 소개하는 것으로 유명한 세계적인 여행 책자 DK 시실리편의 표지로 사용된 적도 있을 정도다. 특히 꽃이 피는 봄철과 여름에 방문하면 정말 멋진 풍경을 담을 수 있는 곳이다. 코발트빛 바닷물과 짙은 핑크빛 건물 그리고 해변 바로 앞 두 개의 바위섬 등이 멋진 경치를 자랑한다. 이곳은 오랫동안 참치잡이 어선들의 출항지였으나 지난 1970년대 이후부터 포구는 문을 닫는 대신 휴양시설로 사용하고 있다. 이탈리아어로 참치를 '톤노'라고 한다. 예로부터 시칠리아 주변 해역에서 참치가 많이 잡혔기 때문에 지명에 '토나라'라는 명칭이 붙으면 참치 어업과 관련된 곳이라고 보면 된다. 스코펠로는 기가 막힌 풍광 때문에 영화의 배경이 되기도 했다. 우리나라에서도 방영되었던 스티븐 손더버그 감독의 범죄 스릴러 영화「오

션 일레븐」의 후속작인 「오션 투엘브」의 한 장면도 이곳에서 촬영되었다.

　주차장에 차를 주차한 뒤 나지막한 나무들이 늘어선 숲길을 따라 바다 쪽으로 5분 정도 내려간다. 주변에는 올리브 나무와 잡목 그리고 이름 모를 야생화가 피어 있다. 이곳은 개인이 소유한 해변이어서 입장료 7유로를 내야 한다. 매표소 직원이 폐장 1시간 전이니 서두르라고 한다. 드디어 책 표지사진으로 봤던 스코펠로다. 오후 늦은 시간이어서 그런지 생각보다 사람들이 많지는 않다. 시간은 촉박하지만 몬델로에서 물에 들어가지 못한 한을 여기서 풀기로 한다. 얼른 수영복으로 갈아입고 물속으로 조심스레 들어간다. 처음으로 지중해에 몸을 담가 본다. 바닷물은 투명하고 차가웠다. 그런데 바닥이 거친 돌로 되어 있고 미끄러워 여간 신경이 쓰이는 게 아니다. 채 5분도 못 있다 물 밖으로 나온다. 좌측 작은 바위에서 청년들이 점프를 하고 있다. 그 앞 멀지 않은 곳에 쌍둥이 바위인 '파라리오니'가 보인다. 왼편 산 위에는 돌로 쌓은 망루가 우뚝 솟아 있다. 이곳은 입장료를 받으면서도 방문자를 위한 편의시설이 거의 없는 편이다. 수영을 한 후 샤워도 하고 옷을 갈아입어야 하는데 난감했다. 바로 앞 건물에 매점은 있으나 닫혀 있어 화장실을 이용할 수밖에 없었다. 다른 사람들은 어떻게 하나 주위를 둘러보니 젊은 여성이 남자친구가 펼친 타월 뒤에서 옷을 갈아입는다.

옷을 갈아입고 언덕길을 올라가니 옛날에 쓰던 참치잡이 장비와 그물들이 보인다. 주변에는 예쁜 야생화가 피어 있다. 이를 배경으로 이번 여행 중 가장 마음에 드는 사진 한 컷(66쪽)을 찍었다. 꽃 종류는 다르지만 DK 책 표지와 비슷한 사진이었다. 어렵게 스코펠로에 온 선물인 것 같다. 그동안 잘 알려지지 않았기 때문에 나름대로 조용하고 아늑한 장소였지만 이제 얼마 안 있으면 이 아름다운 토나라 디 스코펠로도 몬델로처럼 사람이 붐빌 것 같다. 이제 서서히 해가 지기 시작한다. 서둘러 주차장으로 올라가 오늘의 최종 목적지인 마르살라로 출발한다.

토나라 디 스코펠로

카르타고로 향하라! 마르살라

　　　　　　　　　　J의 이탈리아 친구, 비토 씨가 사는 마르살라는 시칠리아의 맨 서쪽에 있다. 인근에 공항과 현청이 있는 항구도시 트라파니와 함께 서부 시칠리아를 대표하는 오랜 역사를 가진 곳으로 주민은 약 8만 명 정도 된다. 국도에서 나와 지방도로 들어오는 길가에 저층의 밝은 황토색 집들이 늘어서 있다. 드디어 마르살라 바다가 보인다. 해안에서 불어오는 바람이 없어서 바다는 조용하고 평화롭다. 얼마 후면 해가 지기 때문인지 짙은 오렌지빛 해가 낭만적이다. 이곳 해안은 자연보호구역으로 지정된 '마르살라 스타뉴네' 석호다. 오랜 세월 민물과 바닷물이 합쳐져 마치 호수처럼 갈대가 무성하고 플랑크톤 등이 풍부해 다양한 동식물이 서식하는 곳이다. 또한 인근 염전에서는 2천 년 넘게 질 좋은 소금을 같은 방식으로 생산하고 있다.

마르살라 스타뉴네 석호와 인근 염전

저 멀리 섬들이 실루엣처럼 눈에 들어온다. 2천 4백여 년 전 페니키아인들이 거주했던 모치아섬도 그중 하나일 것이다. 눈을 감으니 당시 사람들의 웅성거림과 분주함, 그리고 치열한 공방전 소리가 시간과 함께 그림자로 남는 듯하다. 시간과 사람들은 왔다 가도 공간은 남아 역사를 증언한다. 이곳에 있는 박물관에서 1969년에 발견된 기원전 3세기경 페니키아인들이 타던 목선의 잔해가 이를 묵묵히 증명하고 있다.

오른쪽을 보니 잡초와 돌무더기만 쌓여 있는 개활지다. 이곳이 기원전 241년 제1차 포에니 전쟁에서 로마가 카르타고에 승리한 후부터 로마인들이 거주했던 보에오곳 유적지구이다. 보에오곳은 시칠리아의 최서단이기도 하다. 그들은 이곳을 릴리바에움이라고 명명하고 서부 시칠리아의 중심지로 삼았다. 이후 자마 전투를 비롯하여 2차, 3차 포에니 전쟁 등을 치르기 위해 북아프리카로 출정하던 곳이기도 하다. 기원전 204년 봄 로마의 집정관 스키피오는 40척의 군선이 호위하는 400여 척의 수송선에 2만 6천여 명의 병사를 태우고 카르타고와의 일전을 위해 바다 건너 튀니지를 향해 떠났다.

로마의 위대한 정치가 키케로가 집정관이 되기 전 약관 31세의 나이에 회계감사관으로 이곳에서 3년간 근무했는데, 그가 일한 곳도 아마 이 부근이 아닐까 생각해 본다. 회계감사관 즉, '콰이스토르(Quaestor)'는 전쟁터에서 재무회계를 담당하는 직책으로 젊은 이들에게는 정계로 진출하는 등용문이었다. 키케로는 현지인들의 마음을 얻는 활동으로 환영받았다고 한다. 그는 재임 중에 137년 전 죽은 시라쿠사 출신의 천재 수학자인 아르키메데스가 묻혀 있던 무덤의 위치를 찾아내기도 했다. 지금은 황량한 공터이지만 순차적으로 발굴 작업이 진행되고 있는 역사의 현장이다.

마르살라는 오랫동안 카르타고의 주요 거점이었다. 로마 지배 이후 반달족 침략을 거쳐서 9세기 초반에는 아랍인들이 들어왔다. 마르살라의 지정학적 중요성을 잘 알았던 아랍인들은 많은 유산을 남겼다. 그렇기 때문에 아직도 아랍풍이 많이 느껴진다. 아랍어로 마르살라는 '알라의 항구'라는 뜻이라고 한다. 그러나 16세기 들어 주도권을 트라파니에 넘겨준 뒤 계속 쇠락의 길을 걷다 19세기 중반 들어 다시 역사의 주목을 받게 된다. 1860년 이탈리아 통일의 주역 주세페 가리발디가 이끄는 천인대가 이곳 해안으로 상륙하여 이탈리아 독립운동을 전개하기 시작했기 때문이다. 당시 스페인 부르봉 왕조의 오랜 전제정치에 시달리던 시칠리아인들은 쌍수를 들어 가리발디 일행을 환영했다. 지금도 이곳 주민들은 이러한 역사적 사실에 대해 큰 자부심을 가지고 있다고 한다. 해변에서 시내로 들어가는 입구에는 역사적인 의미를 기리기 위한 가리발디 개선문이 우뚝 서 있다. 그래서 그런지 나중에 방문한 곳마다 '가리발디'라는 명칭을 자주 볼 수 있었다.

마르살라는 뭐니 뭐니 해도 와인, 특히 품질 좋은 시칠리아 와인을 대표하는 도시다. 방문하기로 예정된 돈나푸가타, 플로리오 외에도 플라네타, 펠레그리노, 마르티네즈, 피나, 빈치, 몬탈토 등 유명한 와이너리가 여럿 있다. 이곳에서 나는 품질 좋은 포도로 만든 주정강화 와인은 전 세계로 수출된다.

19세기 초 나폴레옹 전쟁으로 인해 와인 수출국 프랑스에 대한 봉쇄가 이뤄짐에 따라 프랑스에서 와인을 수입해 오던 영국은 발등에 불이 떨어졌다. 그래서 대안으로 찾은 나라가 스페인, 포르투갈 그리고 시칠리아였다. 그런데 문제는 긴 해상운송 과정에서 와인이 변질된다는 것이었다. 그래서 와인에 도수가 높은 브랜디를 첨가하여 만든 것이 주정강화 와인이다. 한마디로 꽤 독하면서 달콤한 와인이다.

1773년 당시 이곳에 머물던 존 우드하우스라는 영국인 사업가가 이곳 와인을 고국으로 처음 보내기 시작한 이후 마르살라 와인이 유럽에 알려졌다. 현재 마르살라 와인은 포르투갈 포트 와인, 스페인 셰리 와인과 함께 세계 3대 주정강화 와인으로 평가받고 있다. 얼마 전 서울에 있는 대형 백화점에서 스테파노 비탈레가 그린 원색의 멋진 라벨로 유명한 돈나푸가타 와인을 만났다. 시칠리아 와인을 수입해 판매하는 우리나라 와인 업계도 대단하지만 정작 서울에서 만나고 보니 정말로 반가웠다. 이와 같은 마르살라 와인의 독특한 컬러는 지난 2015년 팬톤(Pantone)이 '올해의 컬러'로 선정한 바 있는데 독특하고 우아한 색깔로 명품 가죽제품이나 의

상 등에 많이 사용되고 있다.

드디어 이른 아침부터 시작한 긴 하루 일정을 마치고 우리가 이틀간 머물 곳에 도착했다. 시빌라가 35번지, 숙소는 시내 중심에서도 해안에서도 그리 멀지 않은 곳이다. 숙소 앞에 도착하자 미리 나와 있던 비토 씨가 반갑게 맞아준다. 처음 만나는데도 오랫동안 알고 지낸 친구 같다. 미혼인 비토 씨는 이곳에서 포도와 올리브를 재배하고 있다. 십여 년 전부터 대전에서 매년 개최되는 국제 와인행사에 참석하기 위해 우리나라도 한 번 왔었다고 한다. 집은 비토 씨의 숙모 소유로 3층인데 2층이 비어 있었고 거실, 응접실, 침실, 화장실 2개 그리고 아담한 주방 등으로 구성되어 있다. 비토 씨로부터 숙소 이용 방법 등에 대해 간단한 설명을 들은 후 선물로 준비한 영문판 서울 소개 책자와 전통 찻잔 세트, 넥타이를 건넸다. 각종 와인 품평 행사에 갈 때마다 정장을 고집하는 멋쟁이 비토 씨는 역시 넥타이를 제일 좋아한다.

각자 짐을 풀고 잠시 쉬었다가 인근 유명 레스토랑인 '맘마 카우라'에서 저녁식사를 하기로 했다. 잠시 후 비토 씨의 차를 타고 15분 정도 이동한 후 해가 저물어 가는 시간에 예약한 식당에 도착하였다. 이곳은 마르살라에서 알아주는 맛집이라 관광객들도 많이 찾는다더니 벌써 실내는 손님들로 가득하다. 비토 씨가 예약했기에 망정이지 그냥 왔더라면 꽤 기다릴 뻔했다.

레스토랑 '맘마 카우라'에서 본 선착장

 바로 앞에 말로만 듣던 모치아섬으로 갈 수 있는 작은 선착장과 소금 생산을 위한 멋진 풍차가 보인다. 아쉽게도 이곳과 섬을 연결하는 작은 페리는 운행이 종료됐다고 한다. 더웠던 공기가 일몰을 앞두고 선선한 바람으로 변해 사람들의 마음을 들뜨게 한다. 실내는 어느새 분위기가 확 달아올랐다. 비토 씨가 시원한 생수부터 주문한다. 서울에서도 볼 수 있는 펠레그리노인데 탄산이 들어있다. 식사를 주문하기 전 우리는 피로도 풀 겸 시원한 화이트와인 리스트를 살펴본다. 돈나푸가타, 피나, 콜롬보 비앙카, 칸티네 파올리니 등 종류만 해도 30가지가 넘는다. 역시 돈나푸가타가 맨 위에 있다. 그러나 내일 와이너리에 방문할 것을 생각해 이곳 와인 품종인 치비보로 만든 카우리네 펠레그리노 2017을 시켰다. 향과 맛이 일품이다. 이어서 전채로 이곳에서만 맛볼 수 있다는 붉은 새우 칵테일인 '감베로 로쏘'가 나왔다. 정말 싱싱하고 달콤하기까지 하다. 다음으로 메인 요리라고 할 수 있는 해산물 샐러드가 나왔다. 양상추, 샐러리 위에 문어, 칵테일 왕새우, 훈제 살라미, 황새치, 훈제 참치 등이 들어 있다. '비앙 케토'라는 팬케익까지 나와 양이 엄청나다. 그만 시켜도 되는 데 아쉬워서 시킨 리아나타 피자에는 앤초비, 방울토마토, 양파 등이 토핑되어 있어 고소하고 담백했다. 밤이 제법 깊어 간다. 일몰에 맞춰 사진 몇 장을 찍고 밖으로 나가 잿빛 파랑 하늘과 제라늄을 조화한 순간을 잡아본다. 시원한 바람이 불기 시작한다. 이제는 일어날 시간이다. 갑자기 긴장이 풀리고 시차와 장시간 비행에서 누적된 피로로 앉아 있기조차 쉽지 않다.

'맘마 카우라'에서 주문한 다양한 해산물 요리와 에스프레소

최고의 와인과 2천년 역사의 염전, 마르살라

　　　　　　　　　　오늘도 어김없이 구름 한 점 없이 맑다. 잠시 후 비토 씨가 인근에서 제일 유명하다는 빵집에서 갓 구운 크루아상과 직접 내려 만든 에스프레소를 가지고 왔다. 정성도 정성이지만 이제껏 먹어 본 조찬 중 최고다. 여행 전에는 쓰디 쓴 커피 원액을 왜 마시는지 몰랐지만 시칠리아 여행 후에는 이제 집에서도 에스프레소를 즐긴다.

비토 씨가 아침으로 준비한 크루아상과 커피

비토 씨가 경작하는 올리브 농장

　본격적인 일정에 들어가기 전에 비토 씨가 운영하는 포도밭과 올리브 농장에 가기로 했다. 가는 길에 어제 저녁을 먹었던 맘마 카우라에 잠시 들렀다. 어젯밤과 달리 주변이 차분하다. 비토 씨가 주인과 이야기하는 동안 바로 맞은편에 보이는 모치아섬을 다시 바라다본다. 그들은 넓은 땅을 놔두고 왜 조그만 섬에서 지냈을까? 이에 대한 설명은 없지만 그 시대 상황을 생각해 보면 아마 방어를 위해 그랬던 것 같다. 마치 대몽항쟁 때 고려가 강화도로 옮겼던 것처럼. 잠시 생각에 잠겨 있는데 뭐가 획 하고 지나간다. 이곳에서 자주 볼 수 있는 작은 도마뱀이다. 표면이 반들거리면서 옅은 초록색을 띤 이 녀석들은 사람을 무서워하지 않는다.

　비토 씨의 농장에 도착했다. 시칠리아에서 처음 가까이에서 보는 포도나무와 말로만 듣던 올리브나무다. 비토 씨는 친절하고 자세하게 설명하였지만 언어의 한계로 다 이해하지 못해 아쉽다. 주

오래된 올리브나무와 미키마우스를 닮은 선인장

변에는 꽤 큰 선인장이 군락을 이루고 있다. 타원형 선인장에 좌우로 작은 선인장이 붙어 있어 미키마우스처럼 보인다. 사람 키보다 큰 선인장에는 노란색 꽃이 열없게 피어 있다. 주변에는 이름 모를 붉은 꽃과 캐모마일도 보인다. 이곳의 마른 흙을 만져보고 냄새를 맡아 본다. 키가 그리 높지 않고 터프한 느낌이 드는 올리브 나무는 양옆으로 퍼져 꽤 큰 그늘을 만들고 있다. 비토 씨가 생산하는 올리브는 특히 품질이 좋아 국내외로 판매하고 있다고 한다.

　이제 예약해 둔 와이너리를 향해 왔던 길을 되돌아간다. 바다는 바람 한 점 없이 잔잔하다. 멀리 있는 섬들도 가깝게 보인다. 잠시 차를 세우고 바다를 바라본다. 이곳은 마르살라 스타뇨네 도서 자연보호구역으로 수심이 낮아 고대부터 천연소금을 만들어 온 염전이 있고 다양한 조류의 서식지이기도 하다. 요트가 있는 부둣가에서 좀 떨어진 곳에 있는 작은 폐선 한 척을 피사체로 사진 한 컷을 찍어 본다. 다시 차를 타고 조금 더 가다 비토 씨가 차를 세운 후 왼편을 보라고 한다. 휑한 개활지에 돌무더기와 건물 잔해, 몇 개의 표지가 보인다. 어제도 봤던 보에오곳이다.

마르살라 염전박물관의 풍차

야외 소금 저장소

원래 카르타고인들이 세운 보에오곳은 제1차 포에니 전쟁에서 승리한 로마의 지배에 들어갔다. 로마인들은 지중해를 제패한 뒤 북아프리카 공략을 위한 이곳의 전략적 가치를 알고 있었다. 특히 이곳은 시칠리아 서부 지역 통치를 위한 중심이었기 때문에 지중해 제패를 위해 카르타고와 여러 차례 맞붙어야 했던 로마로서는 바로 이 부근에서 아프리카 전선으로 출병했던 곳이다.

이곳은 또한 이탈리아 통일과도 관련이 있다. 로마제국 멸망 후 오랫동안 분열되어 온 이탈리아인들에게 국가 통일은 요원한 과제였다. 그러다 나폴레옹 전쟁을 겪으면서 통일된 민족국가에 대한 열망이 한층 높아졌다. 젊어서부터 통일 이탈리아의 꿈을 꾸어 온 가리발디는 우여곡절 끝에 1860년 5월 제노바에서 '붉은 셔츠 천인대'라고 불리는 의용군 천 명과 함께 출발하여 이곳 마르살라에 상륙하여 시칠리아와 나폴리를 확보하였다. 그는 북부 지역 통일을 주도한 사르데냐 왕국 비토리오 에마누엘레 왕에게 남부 지역을 헌정하여 1861년 드디어 이탈리아 왕국을 세우는 데 지대한 공을 세웠다. 마르살라에서는 항구에서 시내로 들어가는 입구에 가리발디 개선문을 세우고 그를 기리고 있다. 단지 시칠리아 와인 생산의 중심으로만 알았던 이곳이 그 유명한 포에니 전쟁의 기항지이자 이탈리아 통일의 단초가 시작된 곳이라고 생각하자 정말이지 역사의 현장에 서 있는 기분이 들었다. 역시 아는 만큼 보인다는 말을 다시 한번 생각해 본다.

시칠리아의 대표적인 와이너리 중 하나인 플로리오 입구와 와인 저장소

　이번 시칠리아 여행의 주요 일정 중 하나인 와이너리 투어를 위해 시내 중심에 있는 플로리오 와이너리를 찾았다. 야자수와 선인장으로 잘 꾸며진 정원을 보면서 직원이 나올 때까지 기다렸다. 만나는 시간이 되자 홍보 담당 안나가 우리를 반갑게 맞이하면서 와이너리 투어가 시작되었다. 우선 엄청난 규모의 오크통들이 당당하게 자리를 차지하고 있다. 100개는 능히 들어갈 규모다. 오른쪽에 보이는 석조명판은 플로리오 출범 150년을 기념하는 것이라고 한다. 이 명판이 만들어진 지 40여 년이 지났으니 무려 190여 년의 역사를 자랑하는 와이너리다. 고딕식 천장 아래로 해마다 생산된 와인이 오크통에서 숨 쉬고 있다. 오크통마다 고유번호와 품종 그리고 생산 연도가 기재되어 있다. 바로 옆 오크통을 보니 1944년이다. 무려 제2차 세계대전 말, 전쟁 중이었던 시기에 생산,

플로리오 와인 시음 공간

저장된 와인이다. 그런데 독특한 것은 건물 바닥이 흙으로 되어 있다는 점이다. 이곳의 토양을 바닥에 깔아 놓으면 습기가 차지 않기 때문이라고 한다. 다음 공간으로 들어가니 높은 천장과 목재로 된 지붕 그리고 회칠한 벽으로 된 큰 방이다. 아주 긴 테이블이 놓여 있는데 이곳이 플로리오 와인을 시음할 곳이다. 세 종류의 와인이 준비되어 있다. 주정강화 와인처럼 보인다. 디저트 와인으로 사용되는 아이스 와인과 매우 유사한데 향과 맛이 무척 강하다. 흥미로운 것은 시음한 후 다크 초콜릿으로 입맛을 조율하도록 하고 있다. 시음을 마치고 나가니 각종 와인과 기념품을 살 수 있는 매장으로 연결된다. 모든 상품이 이탈리아 특유의 디자인과 컬러로 하나하나가 다 예술품 같다. 참고로 플로리오 와인의 로고는 웅크린 사자를 형상화했다. 얼마 전 와인 명가 플로리오 가문의 번영과 쇠퇴를 주제로 인근 트라파니 출신 스테파니아 아우치(Stefania Auci)가 쓴 대하소설 「시칠리아의 사자」가 베스트셀러가 되기도 했다.

이곳 플로리오 와인은 오랫동안 오크통 속에서 소금기 있는 바람과 건조한 기후 속에서 마치 꿈을 꾸듯 숙성되고 있다.

이어서 인근에 있는 돈나푸가타 와이너리로 향한다. 이곳 또한 입구부터 잘 정돈되어 있다. 정문 입구 흰 벽에 붉은 활자로 쓰인 상호가 인상적이다. 상호인 돈나푸가타는 팔레르모 출신의 유명한 작가인 주세페 토마시 디 람페두사의 소설 「레오파드」와 관련이 있다. 그리고 돈나푸가타의 다른 의미는 '도망친 여인'이라고 한다. 1851년 랄로 집안이 이 와이너리를 처음 시작하였으니 약 170년의 역사를 가진 유서 깊은 곳이다.

괴테가 쓴 시칠리아 예찬 글

입구 벽면에는 "시칠리아를 뺀 이탈리아는 내 마음에 아무 인상도 남기지 않는다. 이곳이야말로 모든 것의 열쇠다"라는 괴테의 글이 붙어 있다. 우리는 파스텔 톤의 아담한 2층 건물에서 기다린다. 이곳은 와이너리와 함께 호텔, 레스토랑을 운영하고 있다. 시칠리아가 오디세이아와 연관되어서 그런지 브랜드가 '레 쏘스테

디 울리스(Le Soste di Ulisse)' 즉, 오디세우스가 머문 곳이다.

잠시 후 매니저인 발도 팔레르모 씨가 우리를 반갑게 맞이한다. 얼마 전부터 한국 수입사와 거래를 시작해서 그런지 우리나라에 대한 인상이 좋은 듯하다. 팔레르모 씨는 우선 방문객들을 위한 와인 제품 전시장으로 안내해서 와이너리와 돈나푸가타 와인에 대해 자세하게 설명한다. 이 와이너리는 본사와 저장고가 있는 마르살라 외에 4개의 농장을 가지고 있으며 총면적은 400ha가 넘는다고 한다. 특히 시칠리아 남쪽에 위치한 판탈레리아섬에 있는 포도나무 재배방식은 유네스코 자연문화유산으로 선정되었다고 한다. 화산섬인 판탈레리아는 늘 바람이 강하게 불기 때문에 돌로 쌓은 계단식 농지에서 포도가 자라는데 포도나무는 작으면서도 단단하고, 바람에 버티기 위해 옆으로 자란다고 한다. 가장 많이 키우는 품종은 치비보다.

돈나푸가타의 라벨은 스테파노 비탈레가 그린 것으로 하나하나가 동화적이고 몽환적이다. 특히 네로 다볼라 품종으로 만든 세헤라자데, 플로라 문디, 메를로와 카베르네 쇼비뇽으로 만든 앙겔리 등에는 이국적인 아랍풍의 여인이 그려져 있다. 에트나 화산 기슭의 테라스식 포도밭에서 재배된 포도로 만든 프라고레 에트나 로쏘, 술 불카노 레드, 로제 그리고 화이트도 추천한다.

이어서 돈나푸카타 와이너리에서 자랑하는 와인셀러를 보여준다. 실로 엄청난 규모다. 2007년부터 친환경적 요소를 반영하여 대형 지하 저장시설 내 바리크에 저장하고 있는데 실내온도는 항

돈나 푸가타 와이너리 전시장과 대형 와인 저장소

상 15도, 습도는 85%를 유지하고 있다. 바리크는 프랑스 보르도 지방에서 만든 오크통으로 여기서 발효과정을 거치면 참나무통 숙성의 오묘한 향과 맛이 난다. 이곳에서는 안소니카, 그릴로, 네로 다볼라, 루치도, 치비보, 프라파토 등 다양한 품종의 와인을 생산하고 있다. 옆방으로 옮겨가니 방문객을 위한 시설로서 사방에 시칠리아에서 자랑하는 각종 문양을 한 타일과 옛날에 사용하던 와인 보관 항아리, 토기로 만든 사라센풍 인물 자기와 지금은 안보이지만, 지난 세기 전반까지만 하더라도 많이 볼 수 있었던 시칠리아 고유의 마차 '카토' 등이 전시되어 있다.

와이너리 관람을 마치고 별채에 마련된 식당으로 이동했다. 먼저 간단한 영상자료를 본 뒤 질의응답 시간을 가진 후 뷔페식으로 마련된 식사를 시작한다. 메뉴는 레몬과 방울토마토, 양파를 곁들인 양상추에 싼 붉은 참치회, 복숭아 조각 위에 얹은 붉은 새우 칵테일, 잘게 썬 토마토와 소고기를 덮은 감자볼, 올리브와 토마토소스로 간을 한 치킨 튀김 그리고 아란치니 등으로 정통 시칠리아 음식을 맛볼 수 있었다. 와인 관련 전문가인 J 덕분에 특별한 환대를 받았다.

돈나 푸가타 외빈 식당에서 맛 본 다양한 현지 요리

투어를 마치고 나오는데 일본인 단체관광객이 보인다. 대부분 중년 여성이었는데, 그들도 시칠리아 와이너리에 대한 큰 관심과 열정을 보였다. 기념품 가게에 들러 쉽게 구할 수 없는 판탈레리아에서 치비보 품종으로 만든 '벤 리에' 와인 두 병을 구입했다. 치비보라는 포도 품종은 모스카토와 비슷한 품종으로서 아랍어로 포도를 의미한다고 한다. 언젠가 시칠리아에 다시 올 기회가 있다면 꼭 판탈레리아섬을 방문하여 유네스코 자연문화유산으로 선정된

알베렐로 방식으로 재배하는 포도밭에 서서 아프리카에서 불어오는 시로코 열풍 속에서 바다를 그윽하게 바라보며 차가운 벤 리에를 한잔 마시고 싶다.

판탈레리아 섬에서 재배한 포도로 만든 벤 리에

나부끼는 시칠리아 주기, 트리나크리아

중세로의 시간여행, 에리체

　　　　　　　　　마르살라 시내에서 와이너리 투어를 마치고 '천공의 도시' 에리체로 향한다. 마르살라 시내를 통해 트라파니로 가는 길은 단조로웠다. 트라파니는 위치상 에리체와 밀접하게 연계된 항구다. 역사적으로 카르타고, 반달족, 비잔틴 그리고 이슬람의 도시였으며 17~18세기에는 조선과 참치어업으로 번영했던 도시이다. 별 특징이 없는 시내를 통과하여 에리체 정상으로 올라가기 시작했다. 조수석에서 보면 저 아래에 트라파니시와 티레니아해가 보이지만 경사와 커브가 아슬아슬하기만 하다. 운전하는 비토 씨도 신경을 바짝 쓴다. 차량으로도 이렇게 오르기 어려운 곳인데 과연 고대나 중세에는 어떻게 접근했을까? 아마도 당나귀 등을 이용하지 않았을까 생각되는데 특히 겨울에는 정말 접근이 어려웠을 것이다. 이 험난한 곳을 점령하거나 방어하기 위

에리체로 올라가는 언덕에서 본 트라파니 전경

해 처절한 공방전을 벌였을 사람들의 피와 땀이 에리체를 정의한 다고도 할 수 있겠다.

    에리체는 수호신인 줄리아노 성인의 이름을 딴 성 줄리아노 산 꼭대기에 있다. 비록 해발 751m이지만 주변이 바다와 너른 평원이기 때문에 매우 높은 것처럼 느껴지고 산세가 험난하여 일명 '천공의 성'으로 불린다. 이처럼 천연요새의 요건을 갖추었기 때문에 오랜 시간이 지났음에도 불구하고 중세시대의 건물과 도로가 대부분 잘 보존되어 있다. 에리체는 삼각형 모양의 성으로 높은 성벽에 둘러싸여 있으며 두 개의 성문이 있다. 가장 오래된 곳은 노르만 성채가 있는 베네레성으로 이곳은 고대에 비너스 여신을 모시는 신전이 있었던 곳이다. 에리체가 가끔 안개에 휩싸일 때는 신비롭고 감미로운 분위기라서 '비너스의 키스'라고 불리는데 이 또한 운이 따라야 만날 수 있다. 팔레르모와 트라파니에서 그다지 멀지

에리체 미란테에서 본 파노라마 전경

않고 중세 분위기를 느낄 수 있는 곳이어서 관광객들이 많이 찾는다. 통상 단체관광으로 오게 되면 트라파니 성문 앞 그라마티코 광장 옆 주차장에서 내려 중심 도로인 코로소 비토리오 에마누엘로를 통해 걸어서 올라가는 게 일반적이다. 아니면 에리체산 기슭에서 케이블카를 이용하기도 한다.

우리는 더운 날씨를 감안하여 제일 높은 곳까지 올라와 비교적 한산한 주차장에 주차하였다. 바로 앞에 하얀 돔이 상징적인 건물이 보인다. 이곳에서 가장 크고 오래됐다는 산 지오바니 바티스타 교회다. 현재는 강연장 등으로 사용되고 있는데 내부에는 이탈리아 르네상스의 첫 문을 연 조각가 가문 출신 안토니오 가기니의 대리석 조각과 14세기 프레스코화 등이 유명하다. 꽤나 가파른 돌계단을 걸어 올라가니 에리체 최고의 전망을 볼 수 있다는 미란테가 나온다. 숨을 가다듬은 후 앞을 보니 저 멀리 비토곶과 카파노산 그리고 코리노 해변이 보인다. 정말 환상적인 파노라마다. 나중에 타오르미나 그리스 극장에서 본 전망도 멋있었지만 이곳에서 본 풍광은 정말 잊지 못할 것 같다.

조금 더 오르니 왼쪽으로 육중한 성곽이 보인다. 가깝게 있는 것은 '발리오 오 페폴리'성이고 조금 뒤에 돌 바위에 있는 것이 노르만성이다. 우리는 고대에 비너스 신전과 제단이 있었다는 노르만성에 들어가 보기로 한다. 안내인의 설명에 따르면 출입구가 있는 곳은 첨탑으로 성곽 중 유일하게 처음부터 있던 것이라고 한다. 성안으로 들어가니 평평한 공간에 유적과 돌무더기가 부쩍 자란

(위) 발리오 오 페폴리 성   (아래) 고대 비너스 신전이 있던 노르만 성

잡초들 사이에 놓여 있다. 주위를 둘러봐도 아무도 없다. 적막한 느낌이 확 든다. 안내문을 읽어 보니 우물 유구와 베네레 신전의 잔해가 이곳저곳 널려 있다. 중앙에 자연석인지 아니면 다듬은 것인지 모르겠지만 계단 형태의 돌이 시루떡처럼 쌓여 있다. 아마도 이곳이 비너스 제단이 있던 곳이 아닐까 생각해 본다. 석양 속에 2천 년이 넘는 시간을 폐허로 남아 있는 돌더미와 벽돌처럼 돌로 쌓은 건물 벽 그리고 돌 틈 사이 핀 작은 붉은 꽃을 보면서 불가에서 말하는 공(空)을 생각해 본다.

성벽 틈으로 보이는 비토 반도

이곳은 트로이 전쟁과 관련이 있는 신화의 현장이기도 하다. 트로이가 그리스에 의해 멸망한 후 트로이의 왕 프리아모스의 사위인 아이네이아스는 신탁에 따라 일족을 이끌고 새로운 왕조를 세울 곳을 찾아 크레타, 카르타고를 거쳐 에리체에 도착하게 된다. 로마의 시인 베르길리우스가 쓴 대서사시인 「아이네이스」에 의하면 트로이를 탈출한 아이네이아스는 갖은 고초를 겪으면서 지중해를 방랑한 끝에 이탈리아에 도착하게 되고, 훗날 이들 후손인 로

물루스가 로마를 건국하게 된다는 것이다.

　아이네이아스의 아버지는 안키세스였다. 그는 트로이 전쟁 당시 트로이의 세력권에 있던 다르다니아의 왕으로 미남이었다고 한다. 그래서 아프로디테(비너스) 여신이 그에 반해 아이네이아스를 낳게 된다. 이들의 애정행각에 화가 난 제우스가 안키세스에게 번개를 때려 안키세스는 절름발이가 됐다고 한다. 이를 안타깝게 여겼기 때문일까. 안키스세의 아들 아이네이아스는 위기가 닥칠 때마다 아프로디테를 비롯한 신들의 보호를 받게 된다. 그가 크레타를 떠나기 전에 꿈을 꾸었는데 꿈속에서 조상신인 페나테스가 나타나 이탈리아를 향해 떠나라고 독촉했다. 그래서 아이네이아스 일행은 신탁대로 스트로파데스섬을 거쳐 이탈리아 남부 해안을 따라가다가 시칠리아 남부 조그만 포구에 도착했다. 그들 앞에는 어마어마한 산이 놓여 있었는데, 이 산이 아이트나, 바로 에트나 화산이었다. 그런데 이곳은 호메로스의 「오디세이아」에서 나오는 키클롭스족의 주거지였다.

　그곳을 떠난 아이네이아스 일행은 시칠리아 해안을 따라 계속 항해를 해 현재 트라파니인 드레파논이라는 곳에 도착했다. 이들 앞에는 다시 성스럽게 생긴 높은 산이 놓여 있었다. 바로 에리체였다. 그런데 여정 내내 아이네이아스와 동행했던 안키세스가 갑자기 숨을 거두고 만다. 그래서 그들은 안키세스를 정성스레 장사 지낸 다음 다시 북쪽으로 향하다가 그곳에서 멀지 않은 카르타고에 도착하였다. 아이네이아스는 그곳에서 카르타고의 디도 여왕과 만나 사랑에 빠져 최종 목적지에 가야 한다는 것을 잊고 만다. 하지만 다시 한 번 꿈속에서 독촉받게 되자 여왕에게 알리지 않고 몰래 떠나 시칠리아로 돌아왔다. 도착한 곳은 아이게스테스 왕이 다스리는 지역이었다. 그의 어머니는 트로이 귀족의 딸로 아이네이아스의 먼 친척뻘이었다. 그녀는 시칠리아 강의 신 크리미소스와 결혼하여 아이게스테스를 낳았으니 그가 아이네이아스 일행을 환대하는 것은 당연했다. 아이네이아스는 일행 중 일부를 남겨두고 이탈리아를 향해 출발했는데 남은 자들이 그곳에 아케스타라는 도시를 건설했다. 이곳이 셀리눈테와 함께 그리스 신전이 있는 세제스타라는 설도 있다.

오랜 항해 끝에 아이네이아스는 이탈리아 해안 쿠마에 도착했다. 그는 이후 지하세계를 다녀오는 등 우여곡절을 거쳐 드디어 로마에서 가까운 리비노에 도착했다. 여기서 멀지 않은 곳에 그의 아들인 아스카니오스가 로마의 전신인 알바 롱가를 세웠다가 그 후 후손들이 기원전 753년 로마를 건국하게 된다. 따라서 로마인들은 자신들의 시조인 아이네이아스 그리고 그의 어머니인 아프로디테를 받들기 위해 에리체산 정상에 신전을 짓고 매우 신성시했다고 들었는데, 지금 내가 바로 그 신전에 있는 것이다.

밖으로 나와 길을 조금 내려오니 나무들이 무성한 발리오 공원이다. 햇살이 강하니 덥다. 잠시 인근 야외 바에 들러서 시원한 탄산수로 더위를 식혀본다. 다시 북쪽으로 방향을 틀어 로마가를 따

에리체를 찾은 단체 관광객

라 올라간다. 우측에 정면이 단조로운 산 줄리아노 성당이 보인다. 이 성당은 노르만 왕 루제르 2세의 명에 따라 11세기 말에 지어진 것으로 멋진 바로크 양식의 종탑은 18세기에 세워진 것이라고 한다. 20세기 초 본당이 붕괴되어 폐쇄되었다가 전체적인 보수를 거쳐 지난 2005년에 다시 문을 열었다. 마침 계단 앞에서 단체 관광객이 밝은 표정으로 사진을 찍고 있다. 외모나 언어로 추정컨대 이탈리아 본토에서 온 사람들인 것 같다. 내국인들에게도 시칠리아는 인기 좋은 관광지다. 근처에는 관광객을 대상으로 한 기념품 상점이 군데군데 보인다. 파는 물건은 대부분 점토로 구운 뒤 채색을 한 트리나크리아나 태양을 귀여운 얼굴로 형상화한 장식품 등이 많은데, 일부 상점은 벽에다 주렁주렁 달아 놓아서 시선을 끌고 있다.

에리체 거리의 기념품 가게

　에리체는 반나절 관광지인데 이곳에서 숙박하는 사람들도 꽤 있나 보다. 하기야 시간적 여유가 있다면 하룻밤 머물면서 멋진 일몰과 야경을 보고 이른 새벽 미란테에 올라가 일출 전 하늘을 감상할 수 있을 텐데…. 그렇지만 밤안개가 쫙 깔린 밤이나 새벽에는 희미한 가로등 빛 속에서 혼자 다니기에는 조금은 무서울 것 같기도 하다.

오래되어 닳은 돌길

　다시 만토바니가, 지안 필리포 과르노티가를 따라 걷다가 그만 길을 잃고 말았다. 막다른 길에 이른 것이다. 다시 오던 길로 올라가서 우리를 찾던 비토 씨를 만난다. 자칫했으면 미로의 도시, '라비린토스'에서 미아가 될 뻔했다. 에리체는 오래된 돌로 포장한

길이 매력적이다. 기나긴 세월을 거치면서 반들반들하게 닳은 돌을 밟는 느낌은 또 다르다. 비토 씨는 우리에게 현지인들이 애용하는 빵집을 소개하겠다며 자그마한 주랑과 화분이 있는 가정집 같은 곳으로 데려간다. '파스티세리아 산 카를로(Pasticceria San Carlo)'라는 곳인데 마치판 빵 과자로 유명하다고 한다. 관광안내서에는 에리체에 가면 전통과자집인 파티세리아 마리아 할머니집에 들러 여러 가지 모양으로 생긴 과자 등을 맛보라고 되어 있다. 비토 씨가 아니었으면 못 보고 지나쳤을 것 같다. 가게 안으로 들어가니 50~60년대 이탈리아 영화에서 나오는 빵모자를 쓰고 흰색 가운을 입은 50대 중반쯤 된 주인아주머니가 우리를 맞는다. 비토 씨의 추천을 받아 진짜 복숭아, 딸기 같은 마치판 과자(마르토나라)를 10개 이상 주문한 뒤 계산대 뒤편에 놓인 큰 괘짝 속에 든 마른 막대기 빵도 주문했다. 이곳에서는 돌체티 알레 만도를레(오렌지 등 여러 모양으로 만든 마치판 아몬드 과자), 무스타치올리(아몬드, 초콜릿, 커피 올리브유 설탕으로 만든 전통 패스트리), 비스코티(두 번 구운 전통식 아몬드 쿠키), 보콘치니(모쩨렐라 치즈

각종 마르토나라와 오래 보관할 수 있는 막대기 빵

볼), 토론치니(아몬드 누가바), 아마레티(커피와 함께 먹는 쿠키), 돌체 알 리쿼레(케이크의 일종), 토르테 쿠오레 등을 살 수 있다. 그녀는 무표정하면서도 정성껏 멋진 포장지에 포장해 준다. 포장지를 한 장 달라고 부탁해 가져왔는데, 지금도 이 포장지를 보면 그때가 생각이 난다. 에리체에 가면 꼭 이곳에 가보기를 권하고 싶다.

우리는 왼쪽에 콘벤토 산 도메니코 교회가 있는 성 도메니코 광장에서 잠시 주위의 멋진 건물들을 둘러 본 뒤, 조금 더 큰 광장인 로지아 광장으로 내려갔다. 좌측에 아담한 2층 건물이 보인다. 에리체 시청이다. 에리체에서는 군데군데 자그마한 광장이 있는데 광장 주변에는 멋진 건물과 레스토랑 등이 자리 잡고 있다. 이제 방향을 남서쪽으로 틀어 중심 도로인 비토리오 에마누엘레가로 접어든다. 조금 내려가니 발코니가 있는 2층 건물 전면에 명패가 붙어 있다. 올려다보니 '가리발디'라고 쓰여 있다. 이 건물은 이탈리아 독립의 영웅 주세페 가리발디가 1862년 7월 18일 에리체를 방문하여 주민들에게 이탈리아 독립운동에 참여할 것을 호소한 곳이다. 역사책으로만 보았던 가리발디의 흔적을 만나게 되다니…. 가리발디는 지금은 프랑스 땅이 된 니스에서 어부의 아들로 태어나 젊었을 때부터 '리소르지멘토(국가통일과 독립운동)'에 온 몸을 바친 이탈리아 독립운동의 영웅으로 우여곡절과 실패를 거쳐 남미까지 도피했다가 돌아와 다시 독립운동에 매진하였다.

에리체 일정을 마치고 숙소가 있는 마르살라로 향한다. 내려갈 때는 올라올 때보다 더 신경이 쓰였다. 차가 커브를 돌 때마다 아찔하다. 저 멀리 트라파니의 자연 방파제, 대지와 풍요의 여신 데미테르가 떨어뜨렸다는 '신화의 낫'이 보인다. 비토 씨가 저녁 식사 전에 소금박물관을 가보면 어떠냐고 제안한다. 이곳에서 생산되는 소금은 프랑스 게랑드 소금과 함께 세계적으로 유명해서 고급 식당에서 주로 사용한다고 하니 직접 염전 체험을 해보기로 한다. 염전박물관은 규모는 작지만 많은 사람들이 찾는 곳이다. 곧 일몰 시각이라 박물관 내부보다는 외부에 있는 염전으로 갔다. 시칠리아에서 일몰이 가장 멋있는 장소 중에 하나라는 점도 끌렸다. 붉은 깔때기 지붕과 6개의 바람개비가 있는 풍차 건물은 에리체를 배경으로 더 멋져 보였다. 이곳에서는 고대 페니키아인들이 했던 방식 즉, 오로지 태양과 바람, 그리고 사람의 손으로만 소금을 만들기 때문에 그 명성을 유지하는 것 같다. 보관도 야지에서 하는데 독특하게 이 지방의 집 지붕에 사용되는 반원형 기와로 덮여 있다. 염전 끄트머리에 하얀 거품 같은 것이 소금인데 물빛은 옅은 핑크빛을 띤다. 이제 서서히 해가 저문다. 지난 수천 년 동안, 아니 억겁의 시간 반복한 일몰이지만 오늘만큼은 특별하다. 온 하늘이 붉게 물들지는 않지만 하늘색과 오렌지색 일몰의 조화가 일품이다. 방파제에 앉아 하염없이 저 먼 곳을 바라다본다. "아! 이곳이 정말 시칠리아란 말인가?"

나오는 길에 다소 가격은 비싸지만 작은 병(120g)에 든 소금을 샀다. 병마개에 이곳 누비아에서 생산된 품질인증 마크가 부착된 '피오르 디 살레' 즉, 소금꽃이다. 일반 소금하고 어떻게 다른 맛일까? 해는 졌지만 아직도 주위가 훤하다. 이제 비토 씨가 예약한 지역 맛집 '리스토란테 다 사로(Ristorante da Saro)'로 향한다. 이 식당은 개업한 지 40년이 넘는 가족이 경영하는 식당으로 직원이 20명이 넘는다고 한다. 비토 씨에 의하면 관광객보다 지역 주민들이 가족 행사, 피로연 장소 등으로 애용한다며 오늘 아침에 먹은 크루아상도 이곳에서 샀다고 한다. 아! 이 먼 곳까지 와서 샀단 말인가. 다시 한번 비토 씨의 환대와 우정을 생각한다.

해가 지는 마르살라 바닷가에서 상념에 젖다

PART III

고대유적과 신화, 남서부

110	잊힌 번영의 고대도시와 신전 유적, 셀리눈테
118	레나토의 하얀 사랑, 백악의 계단, 스칼라 데이 투르키
127	'인생은 매우 슬픈 익살이다', 피란델로를 찾아서
136	신전의 계곡에서 콩코르디아를 만나다, 아그리젠토

잊힌 번영의 고대도시와
신전 유적, 셀리눈테

고대 유적지 셀리눈테는 이번 여행에서 가장 가보고 싶은 곳 중 하나였다. 투키디데스에 의하면 기원전 7세기 중반 그리스 중부 메가라 지역에서 이주해 온 사람들이 건설한 도시인 셀리눈테의 흥망성쇠는 한 편의 드라마라고 할 수 있다. 그럼에도 셀리눈테에 대해서는 아직도 극히 일부만 알려진 한마디로 미스테리한 곳이다. 셀리눈테라는 명칭은 당시 주변에 많이 자생하고 있던 야생 파슬리에서 유래한 것으로 추정하고 있는데 현지에서 출토된 화폐에 그 식물이 새겨져 있어 이를 증명해 주고 있다. 셀리눈테의 첫 이주민들은 양쪽에 강이 있고, 바다를 정면에 둔 장소에 신전과 도시를 건설하였다. 뛰어난 지리적 조건과 현명한 외교로 하루가 다르게 번성해 나가던 셀리눈테는 언젠가는 인근에서 번성 중이던 세제스타와의 일전이 불가피하다는

고대도시 셀리눈테 신전 E

점을 의식하여 아그리젠툼과 시라쿠사 등과 동맹을 맺었다. 그러다 기원전 409년 한니발 마고가 이끄는 카르타고군의 침공을 받아 초토화된 뒤 이어진 제1차 포에니 전쟁과 로마의 침공 등으로 철저하게 파괴된 후 역사에서 사라졌다. 지금은 평화롭고 고요하기까지 한 곳이지만 왠지 공포에 휩싸인 셀리눈테 주민들의 비명이 들리고 화염과 파괴가 선명하게 보이는 듯하다.

    마르살라에서 출발할 때는 못 느꼈는데 햇볕이 강하고 상당히 더웠다. 주변 상가에서 밀짚모자를 사 쓰고 입장하니 유적지의 광대함에 놀랄 수밖에 없었다. 날이 더운 만큼 전동카트를 타고 이동하기로 했다. 그동안 로마유적은 여러 차례 보았지만 그리스를 가보지 못해 신전은 처음 보는 것이라 마음이 무척 설레었다. 베를린 페르가몬 박물관에서 그리스 신전 프리즈는 본 적이 있지만, 온전한 신전을 만나는 것은 처음이라 감격하지 않을 수 없었다. 셀리눈

셀리눈테 신전 E의 도리스식 원주와 신탁

테에는 남쪽 해안가에 5개 그리고 동쪽에 3개, 총 8개의 신전 유적이 있다. 이곳 신전들은 아그리젠토 신전처럼 특정 신의 이름을 붙이지 않고 알파벳으로 구분하고 있다. 전동카트를 타고 처음 도착한 곳은 가장 보존상태가 좋은 신전 E로 헤라 신전이라고 불리기도 한다. 뒤에 방문한 아그리젠토의 콩코르디아 신전에 필적하는 신전이지만 방문객이 상대적으로 적고, 콩코르디아 신전은 내부 출입을 제한하는 데 반해 이곳은 직접 돌기둥을 만져볼 수 있으며, 내부 중앙에 있는 신탁도 볼 수 있다. 2,300여 년 풍상을 겪고 흥망성쇠를 지켜봤을 두툼한 돌기둥을 부여안고 눈을 감았다. 비록 유적과 폐허가 된 건축물이지만 이를 통해 먼 과거와 대화할 수 있을 것 같았다. 건축물의 웅장함과 긴 역사는 부차적인 것이리라. 신전을 한 바퀴 돌면서 기둥 하나하나에 손을 대어 본다. 남쪽에 서니 저 멀리 아크로폴리스와 바다가 보인다. 바로 그 순간 가슴이 벅차고 알 수 없는 감정이 소용돌이치는 것을 느낄 수 있다. 문명의 유적은 눈이 아니라 가슴으로 볼 수 있는 것이다.

원래 이 신전에 부착되어 있었던 메토프(도리아식 건축물에 장식한 사각형 부조 패널)는 아쉽게도 팔레르모 고고학박물관에서 볼 수 있다. 그중에서도 신전 C에서 출토된 3개의 메토프 중 고르곤을 처단하는 페르세우스상은 특히 유명하다. 고르곤이 페가수스를 안고 혀를 쭉 내민 표정이 우스꽝스럽다. 신화에서 고르곤은 뱀의 머리를 한 무서운 메두사에서 변형된 모습으로 팔레르모주를 상징하는 깃발에도 사용되고 있다.

신전 E, F, G 그리고 작은 박물관 관람을 마치고 다시 전동카트를 타고 아크로폴리스로 향한다. 멀리 보이는 신전 유적들과 축구장 몇 배 크기의 광활한 유적지가 보이고 도로 양옆에는 올리브 나무, 야생화, 풀 등이 지천이다. 분위기에 취했는지 우리는 갑자기 '돌아오라 소렌토로', '후니쿨라 후니쿨로' 등 이탈리아 가곡 멜로디를 흥얼거렸다. 그러자 카트 운전사가 웃으며 멋지게 노래를 같이 불러 준다. 우리는 잠시 한 가족이 된 것처럼 함께 목청을 높이며 즐거워했다. 아크로폴리스 지역에 도착하자 30분간의 자유시간이 주어졌다. 주변에는 관람객이 많지 않았다. 일부 신전이 19세기 들어 복원되었지만, 아직도 어마어마한 돌무더기가 쌓인 폐허가 되고 잡초가 가득한 유적들을 원래대로 복원하려면 앞으로 몇 년, 아니 몇십 년이 걸릴지 알 수 없다고 한다.

올리브나무 밑에 앉아 쉬고 있던 노부부가 우리에게 어디서 왔냐고 묻는다. 네덜란드에서 온 분들인데 한국은 다소 생소한 모양이다. 히딩크 감독과 유럽에 있을 때 방문한 네덜란드 도시 그리고 반 다이크, 얀 페르메이르 등 미술가들의 이름을 거론하자 의외라는 듯 놀라면서 좋아한다. 서로 좋은 시간 가지길 바라면서 헤어진 후 본격적인 탐방에 나선다. 돌무더기 그리고 도리아식 기둥 잔해 등 건조물 더미가 마치 얼마 전 지진을 겪었거나 전쟁을 치른 것처럼 어지럽게 흩어져 있다. 한없는 시간과 공간의 의미를 생각해 본다.

공교롭게도 헤라 신전 주변에는 정말 아무도 없다. 나른한 대기와 단조로운 땅, 그리고 폐허가 주는 거친 질감의 색채에 갑자기 어지럽다. 2,300여 년 전 사람들, 그들의 일상은, 욕망은, 꿈은 다 어디로 간 것인가? 마른 풀과 올리브나무, 소나무 등이 엉켜있는 거대한 구릉에는 무심한 돌무더기와 무한의 정적만 가득하다. 돌무더기에 올라 사진 몇 장을 찍고 나니 작은 도로 옆에 가지가 180도 정도 수평으로 휘어진 작은 소나무가 보인다. 사진 찍기에 기가 막힌 장소다. 앞에 놓여 있는 벤치에 앉아 본다. 아무것도 느껴지지 않는다. 이 공허한 곳에 폐허가 된 신전과 돌무더기 사이로 잔잔하게 바람이 분다. 수령이 얼마나 됐는지 또 왜 그리 굽어 버티고 있는지 모르겠지만 인고의 세월을 상징적으로 나타내고 있었다. 잠시 눈을 감아 본다. 갑자기 신전을 방문한 사람들의 두런거리는 말소리와 함께 소란스러움이 들려왔다. 깜짝 놀라 눈을 떠 보니 정적과 함께 노랑나비 한 마리가 날고 있다. 아니, 방금 들은 인기척은 어디서 난 것인가? 나는 나비인가? 여기에서 호접몽을 꾼 것인가?

셀리눈테 신전 E의 위용
기둥 위에 프리즈가 떨어져 나간 게 보인다

레나토의 하얀 사랑, 백악의 계단, 스칼라 데이 투르키

    셀리눈테를 떠나 해안을 따라 한 시간 반 동안 약 85km 달려 스칼라 데이 투르키에 도착했다. 시칠리아를 렌터카로 일주하면 섬을 둘러싸고 있는 바다를 매일 볼 수 있었다. 해변마다 각기 다양한 얼굴을 하고 있어서 구경하는 재미가 쏠쏠했다. 몬델로와 스코펠로에 이어 바닷물에 손과 발을 담그고 지중해를 느낀 세 번째 해변은 스칼라 데이 투르키로 관광책자는 이곳을 시칠리아 해안관광의 아이콘이라고 소개한다.

    스칼라 데이 투르키는 오랜 세월 비와 바람과 파도의 영향으로 거대한 하얀 석회암 절벽이 시루떡이나 계단처럼 변한 곳이다. 옆에서 보면 지각변동의 영향으로 시루떡 같은 바위층이 평균 45도로 누워있는 것처럼 보인다. 이 하얀 자연의 신비는 에메랄드빛 지중해와 너무나 멋지게 어울린다.

스칼라 데이 투르키는 '터키인의 계단'이라고도 불린다. 과거 시칠리아 등 지중해 연안 지역에서 사라센인을 터키인이라고 불렀는데 이들 사라센 해적이 바람을 피해 이곳에 배를 정박하고 원주민을 약탈했던 역사에서 이름이 유래했다고 한다. 그래서 그런지 시칠리아나 이탈리아 남부를 여행하다 보면 해안에 돌로 된 망루가 가끔 보이는데 이것은 사라센 해적이 오는지를 살피기 위한 시설이었다고 한다. 로마인 이야기를 쓴 시오노 나나미는 「로마 멸망 이후의 지중해 세계」를 통해 7세기 중반 이후 시칠리아, 남부 이탈리아, 사르데냐, 남프랑스 해안 등 지중해 연안 기독교인들에게 극심한 공포의 대상이었던 사라센 해적의 약탈과 주민 납치 실태에 대해 자세히 소개하고 있다.

터키인의 계단 유래에 대해서는 다른 의견도 있다. 터키 남서부에 있는 아름다운 석회암 지대 파묵칼레와 형태가 비슷해서 생긴 이름이라는 것이다. 처음 봤을 때 기시감이 들어 생각해 보니 독일에 살 때 가 봤던 동해 뤼겐섬에서 본 백악의 절벽과도 많이 닮았다. 셀리눈테의 신전들이 신을 위해 인간이 만든 건축물이라면 스칼라 데이 투르키는 신이 인간을 위해 만들어 준 위대한 자연이라고 말할 수 있다.

물의 도시 베네치아 관광은 공항에 도착하기 전에 상공에서부터 시작된다. 아드리아해와 석호들 그리고 이들과 조화를 이루는 오렌지빛 지붕을 비행기 창문을 통해 내려다보는 모습은 환상적

스칼라 데이 투르키 전경

이기 때문이다. 스칼라 데이 투르키도 마찬가지로 높은 곳에서 내려다볼 때 그 아름다움을 가장 잘 만끽할 수 있다. 높은 지대의 해안도로 가장자리에 있는 전망대에서 나무로 된 난간 너머로 내려다보이는 거대한 하얀 절벽의 모습은 형언할 수 없을 만큼 아름답다. 위에서 보니 해변을 거닐거나 석회암 계단 위를 걷는 사람들의 모습이 마치 개미처럼 보인다. 불문학자 김화영은「행복의 충격」에서 '지중해 바닷가에 서면 개인은 항상 죽지만 인간은 현재에 살고, 현재에 사는 '인간'은 영원하다는 확신을 가질 수 있다'라고 말했다. 나도 이곳에서 바로 그런 느낌이 들었다. 전망대에서 해안도로를 따라 섬의 남쪽으로 약 700m 걸어가면 바닷가로 내려갈 수 있는 계단이 나온다. 계단을 따라 내려가다 보면 중간에 전망 좋은 식당이 있다. 계단을 다 내려와 바닷가에 서면 바닷물이 모래사장과 만나는 곳에 크고 작은 암석이 이곳저곳에 보인다. 아쉽게도 이곳은 해수욕하기에 적당하지 않아서 사람들은 일광욕만 즐기고 있다. 석회암 절벽으로 올라가려면 전망대 바로 아래쪽인 북쪽으로 한참 거슬러 걸어간 뒤, 무릎 높이 정도 차는 바닷물을 건너야 한다. 미끄러운 돌들이 있어 넘어지지 않도록 각별히 조심해야 한다.

마침내 새하얀 석회암 절벽에 올랐다. 한여름 날씨였지만 갑자기 설국에 들어선 것처럼 눈이 부셨다. 잠시나마 하얀 세계에 몰입하여 경이로운 자연에 감탄했다. 그리고 나서야 많은 사람이 이곳에서 에메랄드빛 바다를 바라보며 강하게 쏟아지는 햇빛을 즐기고 있는 모습이 눈에 들어왔다. 수심이 깊어 보이는 바다로 뛰어들어 해수욕을 즐기는 이들도 있었다. 바다 방향으로 돌출된 계단식 석회암 절벽을 지나 해안도로 전망대에서 내려다보이는 해변까지 걸어가 보고 싶었지만 시간이 넉넉하지 않았다. 이 멋진 석회암 절벽을 다른 각도에서 볼 수 있고 바닥이 모래로 되어 있어 해수욕하기에도 좋은 곳이지만 아쉬움을 지닌 채로 발길을 돌린다. 계단을 걸어 주차장까지 걸어가는 데 햇볕과 더위 때문에 숨이 막힌다. 주차장 옆에 있던 푸드트럭에서 핫도그와 콜라로 허기와 갈증을 달래고 다음 목적지로 향한다.

스칼라 데이 투르키는 지난 2001년 개봉한 주세페 토르나토레 감독의 영화 「말레나」에 배경으로 나온다. 영화에서는 카스텔쿠토라는 해안가 마을이 배경이지만 이는 가상의 마을이다. 영화의 주요 장면 대부분은 시라쿠사에서 촬영했다. 이탈리아 3대 여배우로 알려진 모니카 벨루치가 주인공 말레나 역을 맡고 영화음악의 거장 엔니오 모리코네가 OST에 참여했다.

제2차 세계대전 초기인 1940년, 무솔리니가 연합국을 상대로 선전포고하는 라디오 방송을 청취하라고 군인들이 차를 타고 다니며 외치는 장면으로 영화는 시작된다. 이때 건물 밖으로 널린 하얀 빨래가 인상적이다. 바로 이날 남자 주인공 레나토(주세페 술파로 분)는 아버지로부터 그렇게 갖고 싶어 하던 자전거를 선물 받았다. 그의 나이는 12살이었다.

　영화는 아름다운 여자에 대한 남자들의 무분별한 욕정과 여자들의 시기와 질투라는 인간의 본능을 성에 눈을 뜨기 시작한 소년 레나토의 말레나에 대한 순수한 첫사랑과 대비해 나가면서 잔잔한 감동을 준다. 레나토가 자전거를 타는 모습이 자주 등장하는데 여기에서 자전거는 빠른 이동 즉, 소년의 성장을 상징한다. 영화 후반에 살기 위해 독일군에게까지 웃음을 팔아야 했던 말레나를 연모하고 동경하면서도 그녀를 보호해 주고 싶었던 레나토의 순수한 사랑은 스칼라 데이 투르키의 하얀색으로 표현된다. 레나토가 말레나를 처음 봤을 때 그녀가 입고 있었던 옷도 하얀색 원피스였다.

　스칼라 데이 투르키는 영화 속에서 세 번 등장한다. 레나토와 또래의 소년들이 은밀한 신체 부위의 변화를 관찰하며 말레나에 대해서 이야기하는 장면에서, 말레나가 전쟁에 나간 남편 사진을 안고 '마 라모레 노(Ma l'amore no-하지만 사랑은 그렇지 않아요)'라는 노래에 맞춰 혼자 춤을 추는 것을 몰래 훔쳐본 후 바위에 엎드려 그녀를 연모하는 편지를 몇 번이고 쓰다가 구겨 버리는 장면에서, 그리고 지역 여인들로부터 린치를 당한 말레나가 기차를 타고 카스텔쿠토를 떠나는 것을 지켜본 레나토가 거금을 들여 구입했던 '마 라모네 노'가 담긴 소중한 레코드 음반을 바다에 휙 던져 버리는 장면 등에서다. 이렇게 스칼라 데이 투르키는 레나토의 성장, 고백, 연모, 절망 등이 오버랩되는 장소다. 영화의 OST인 '마

라모네 노'는 조반니 단치가 작곡하고, 미켈레 갈디에리가 작사한 곡으로 1942년에 리나 테르미나가 변하지 않을 사랑을 맹세하는 내용을 담아 부른 아름다운 음악이다.

남편이 전사했다는 소식을 듣고 침대에 누워 슬퍼하는 말레나의 모습을 문밖에서 훔쳐보며, 상상 속에서 그녀에게 다가가 입맞춤하고 나직한 목소리로 말레나를 위로하는 대사에서 레나토의 연정은 절정에 이른다.

"이제 내가 당신을 지켜 줄게요. 영원히 보호해 줄 테니 내가 클 때까지 기다려요."

하지만 어느 날 죽은 줄 알았던 말레나의 남편이 한쪽 팔이 불구가 되어 돌아오자 레나토는 그에게 말레나가 사랑한 오직 한 사람은 바로 그였다는 것과 메시나행 열차를 타고 떠났다는 사실을 알려 준다. 그 후 말레나는 남편과 함께 다시 카스텔쿠토로 돌아와 행복했던 과거의 삶을 되찾는다.

영화 종반부에 말레나가 장을 본 뒤 집으로 가는 길에 오렌지가 든 장바구니를 실수로 쏟는다. 이를 지켜보던 레나토가 황급하게 그녀에게 다가가 과일을 주워 담는 것을 도와준다. 이때 두 사람은 처음으로 아주 짧은 대화를 나눈다. "행운을 빌어요. 말레나"

그녀는 자신의 이름을 아는 레나토에게 약간 놀란 표정을 지으며 다시 걸어간다. 레나토는 자전거를 타고 반대 방향으로 가며 수시로 말레나의 뒷모습을 돌아보며 다음과 같이 독백한다.

"나는 죽어라 페달을 밟으며 벗어났다. 감정과 꿈, 그녀에게서. 기억, 모든 것에서 멀어져 갔다. 잊어야 한다고 생각했다. 잊을 수 있다고 믿었다. 그 이후 나는 평범한 삶을 살았다. 그 후로 나는 여러 여자를 만났고 그녀들은 자신을 잊지 말아 달라고 했다. 이제 그녀들은 모두 잊었지만 지금까지도 잊을 수 없는 단 한 사람이 있다면 그건 말레나뿐이다."

그렇게 영화가 끝난다. 레나토가 평생 말레나를 잊지 못하는 것처럼 새하얀 백악의 스칼라 데이 투르키는 오랫동안 그리움의 대상으로 남을 것 같다.

'인생은 매우 슬픈 익살이다', 피란델로를 찾아서

스칼라 데이 투르키와 아쉽게 작별한 뒤 다음 목적지인 아그리젠토로 향하는 중간에 1934년 노벨문학상을 수상한 루이지 피란델로 기념관이 있어 그곳으로 향했다. 이번 여행을 준비하면서 처음 알게 된 피란델로, 그를 꼭 만나고 싶었던 곳이어서 기대가 컸다. 스칼라 데이 투르키에서 피란델로 기념관에 가기 위해서는 항구도시인 포르토 엠페도클레를 거쳐야 한다. 가는 도중에도 백악의 절벽과 해수욕하기에 적당한 해변이 자주 눈에 띄었다. 엠페도클레 항구에 정박해 있거나 에메랄드빛 바다에 떠 있는 많은 배가 보인다. 이 지역은 과거에 유황 산지로 유명했다. 피란델로가 부유한 유황 광산주의 아들로 태어났다는 이력을 통해서도 그 사실을 알 수 있다. 포르토 엠페도클레는 당시 유황을 수출하는 항구로 번성했다. 지금은 남쪽의 유명 관광지인 람페두사와 북아프리카로 운항하는 배가 출발하는 주요 항구 역할을 하고 있다.

엠페도클레는 고대 도시 아크라가스 즉, 오늘날의 아그리젠토 출신인 고대 그리스의 유명한 철학자 엠페도클레스의 이름에서 유래했다. 엠페도클레스는 만물이 불, 물, 흙, 공기 등 4개의 원소로 구성되어 있다고 주장하였다. 하지만 신과 시민들이 그를 외면하자 에트나 화산으로 가서 분화구에 몸을 던졌다는 일화로 유명하다. 독일 낭만주의 대표적 작가인 휠덜린은 이 소재를 토대로 「엠페도클레스의 죽음」이라는 미완성 비극을 쓰기도 했다.

엠페도클레는 세계적인 작가를 배출한 곳이기도 하다. 우리나라에서는 잘 알려지지 않았지만 유럽과 미국 등에 많은 독자와 팬을 가지고 있는 추리소설의 거장 '안드레아 카밀레리'의 고향이다. 영미권에 셜록 홈스, 유럽에 매그레 반장이 있다면 이탈리아에는 몬탈바노 경위가 있다. 카밀레리가 쓴 7부작 추리소설인 「형사 몬탈바노」는 이탈리아에서 TV 드라마로 제작되기도 했다. 엠페도클레 시내 중심 로마가에서 그의 동상을 볼 수 있다. 또 피란델로의 동상도 같은 거리에 있다. 카밀레리의 소설에서는 비가타라는 가상의 도시에서 사건들이 일어나는데 실제 배경이 되는 곳은 바로 엠페도클레이다. 그의 대표작인 「물의 형태」는 부패와 음모가 넘치는 가상의 작은 항구 도시에서 유력 정치인이 시체로 발견되는 것으로 시작한다. 카밀레리는 끝을 모르는 인간의 욕망과 그러한 욕망이 얼마나 부질없는 것인지에 대한 주제를 추리소설이라는 장르를 통해 긴장감 있게 풀어냈다. 이곳 사람들은 카밀레리가 쓴 추리소설의 유명세를 반영하여 2003년에 도시명을 '포르토 엠페도클레-비가타'로 변경하기도 했다. 비록 2009년에 다시 원래 이름으로 돌아갔지만 엠페도클레 사람들이 얼마나 카밀레리와 그의 작품을 사랑하는지 엿볼 수 있다.

루이지 피란델로의 생가가 있는 지역을 이곳 사람들은 카오스라고 부른다. 카오스는 그리스어로 혼돈을 의미하는데 어떻게 보면 피란델로의 삶이 혼돈이지 않았을까 생각된다. 피란델로는 단편 선집인 「어느 하루」에서 자신이 실제로 카오스의 아들이며 자신이 태어난 빽빽한 숲 근처의 시골 마을이 주민들의 방언으로 '카부스(Cavusu)'라고 불렸는데 이는 고대 그리스어로 카오스를 의미한다고 말한 바 있다.

피란델로 생가에 도착했다. 나폴리 옐로우 컬러의 아담한 2층짜리 건물과 멋진 소나무와 사이프러스에 둘러싸인 정원이 매우 인상적이었다. 이곳은 피란델로 기념관을 겸하고 있는데 철제 정문을 지나 정원에 들어서니 그의 흉상이 우리를 반갑게 맞이한다. 아담한 철제문 창살을 통해 2층으로 올라가는 옥외 계단이 눈에 들어오고 정원에는 장미를 비롯해 여러 종류의 꽃이 가득하다. 매표소에서 입장권을 사려는데 우리뿐이다.

피란델로 기념관 정문

피란델로 사진

피란델로는 시, 에세이, 단편 소설도 많이 썼지만, 특히 희곡작가로 유명하다. 그는 이탈리아가 통일된 후 1867년, 이곳 카오스에서 태어나 팔레르모대학교 법학과에 입학했다가 로마대학교 문학부를 거쳐 독일 본대학교로 유학을 가 시칠리아 방언에 대한 연구로 박사학위를 받았다. 귀국한 뒤로는 주로 로마 사범대학에서 학생들을 가르치며 꾸준히 작품 활동을 했다. 그는 당시 격변의 정치적 상황과 불행한 가정사, 경제난, 소외 등을 겪고 느끼면서 꾸준히 작품을 썼다. 특히 희곡 분야와 무대예술을 발전시킨 공로를 인정받아 1934년에 노벨문학상을 받았다. 시칠리아인으로는 최초였다. 우리나라에는 「엔리코 4세」를 비롯한 그의 작품 몇 편이 번역되어 있다. 여행을 앞두고 그의 대표작 중 하나인 「나는 고故 마티아 파스칼이오」를 읽었다. 내용을 간략하게 소개하면, 자신의 정체성을 상실한 마티아 파스칼이라는 주인공은 참을 수 없는 단조로운 일상과 장모의 핍박에서 벗어나 자유를 찾기 위해 가출한다. 이후 그는 여러 황당한 일을 겪게 된다. 급기야 고향에서는 그가 사망한 것으로 되었다. 결국 고향으로 돌아와 아드리아노 메이스라는 가공인물로 살아가려고 하지만 현실의 벽에 부딪혀 결국 자신의 무덤을 찾아갈 수밖에 없다는 내용이다. 작가는 이 작품을 통해 자신의 정체성을 확립하지 못한 채 하루하루를 살아가는 현대인들의 피할 수 없는 상실감과 도덕적 갈등 그리고 고독과 소외라는 문제를 부각한 뒤 그럼에도 참된 자아를 찾기 위해 노력하는 인간의 모습을 보여주려고 했다.

피란델로 조각상과 그의 저서 「나는 고故 마티아 파스칼이오」

피란델로의 생가에서는 그의 작품과 원고 이외에도 그와 가족의 사진, 그가 그린 미술작품, 노벨문학상을 받은 자료, 그의 작품이 원작이 된 영화에 대한 소개 등을 볼 수 있다. 2층에는 흉부상과 얼굴 조각상이 있다. 이곳 직원에게 한국에서 가져온 책 「나는 고故 마티아 파스칼이오」를 보여주었다. 직원은 한국어로 번역된 책은 처음이라며 반가워하면서 책을 피란델로 얼굴 조각상 앞에 세워 놓고 사진을 찍었다. 가슴이 찡한 순간이었다.

시칠리아 여행을 계기로 노벨문학상 수상자이자 세계적인 작가인 피란델로의 파란만장한 삶과 그의 작품을 알게 되었다. 특히 내가 젊은 시절 2년간 공부하면서 지냈던 본대학교를 피란델로가 100여 년 전에 다녔다는 것도 이번에 알게 되었다. 대학 동문의 인연이 그의 책을 통해 여기까지 이어졌다.

관람을 마치고 밖으로 나와 잠시나마 눈을 감고, 그가 1920년에 남긴 예술론인 '인생은 매우 슬픈 익살이다'의 의미를 생각해 본다. 이 문장은 이번에 가지고 간 책 「나는 고故 마티아 파스칼이오」

에서 저자를 간단하게 소개하는 부분에 적혀 있다. 그는 '때로는 헛되고 환상에 불과한 것으로 밝혀지는-우리 각자에게 각기 다른-하나의 현실을 만들어 냄으로써 우리는 내면에서 끊임없이 스스로를 기만할 필요가 있기 때문이다'라고 설명하고 있다. 그는 인간과 사회의 모순과 고통을 특유의 비유와 역설로 승화시켜 우리네 삶이 그래도 살아갈 만한 가치가 있음을 자신의 삶과 작품을 통해 보여주었다. 피란델로의 위대함에 숙연해지면서 우리가 살아가면서 피할 수 없는 이중성을 정당화할 수 있을 것인가, 그리고 어떻게 하면 변화와 차이를 진정으로 받아들여 고통을 줄여가면서 살아갈 수 있을지에 대한 대답을 이번 여행에서 찾을 수 있기를 바라보았다. 빡빡한 여정 가운데 이곳을 방문한다는 게 쉬운 결정이 아니었지만 피란델로의 숨결을 느끼면서 삶에 대한 마음가짐을 다시 한번 가다듬는 뜻깊은 계기가 되었다.

눈을 떠보니 활짝 핀 정원의 여러 가지 꽃과 맑고 푸른 하늘이 색다르게 느껴졌다. 정원에 우뚝 서 있는 큰 비석 앞에서 잠시 발길을 멈추었다. 1867년 6월 28일에 태어난 피란델로가 자신의 출생에 대해서 했던 말이 새겨져 있다.

"6월의 어느 날 밤 아프리카 바다를 내려다보는 푸른 점토의 고원 가장자리를 마주 보고 있는 사라센 올리브 나무 들판에 외로이 서 있는 한 그루 나무 아래로 나는 반딧불처럼 떨어졌다."

피란델로 탄생 150주년 기념비

 피란델로는 평생 소나무를 특별히 좋아했고 생전에 자신의 장례 방식과 영면할 장소에 대한 바람을 밝힌 적이 있다. 부고를 내지 말라고 했고, 수의, 조화, 촛불도 거부했다. 화장한 후에는 유골을 살던 집 주위에 뿌려 달라고 당부했다. 만약 그게 어렵다면 유골함을 자신이 태어났던 아그리젠토에서 나는 원석 하나에 넣어 달라고 했다. 생가에서 바다 쪽으로 조금 걸어가면 그가 영원히 잠들어 있는 곳에 도달한다. 탁 트인 바다가 보여 전망이 좋고 소나무의 그림자가 닿는 곳이다. 이곳은 그의 탄생 150주년을 기념하여 새롭게 단장했으며 150주년 기념행사에는 이탈리아 대통령도 참석하였다고 한다.

 만약 문학을 좋아한다면 피란델로의 기념관과 카밀레리의 고향인 포르토 엠페도클레 방문을 적극 추천한다. 그 밖에 인근에 추천하고 싶은 곳이 한 곳 더 있다. 아그리젠토 시내에는 피란델로의 이름을 딴 루이지 피란델로 광장이 있으며, 광장에서 멀지 않은 곳에 루이지 피란델로 극장도 있다. 극장은 1870년에 건립되었는데 1946년 피란델로 서거 10주기를 맞아 지금의 이름으로 바꾸었다고 한다. 엠페도클레에서 동남쪽으로 약 125km 떨어진 곳에 있는 작은 어촌 푼타 세카에는 TV 드라마 「형사 몬탈바노」에 나왔던 몬탈바노 하우스가 있다. 라구사나 시라쿠사 방향으로 이동하는 동선에서 살짝만 벗어나면 된다. 또한 라구사와 가까운 모디카에는 피란델로에 이어 시칠리아인으로는 두 번째로 노벨문학상을 수상한 살바토레 콰지모도의 생가와 기념관이 있다. 라구사와 모디카는 2002년에 유네스코 세계문화유산으로 등재된 8곳의 시칠리아 바로크 도시 중 하나로 모디카는 초콜릿으로도 유명한 곳이다.

신전의 계곡에서 콩코르디아를 만나다, 아그리젠토

　　　　　　　　　　아그리젠토는 기원전 582년 그리스의 겔라, 로도스 등에서 이주해 온 사람들이 세운 유서 깊은 도시로 타오르미나, 시라쿠사와 함께 시칠리아 관광 하이라이트 중 하나다. 당시에는 아크라가스로 불렸는데, 가장 번창했을 때는 인구가 20만 명이 넘을 정도로 번영을 누렸다고 한다. 그러나 기원전 210년 로마에 의해 평정된 이후부터 아그리젠툼으로 불렸다. '신전들의 계곡'이라 불리는 이곳은 아테네 아크로폴리스와 마찬가지로 언덕 위에 거대한 신전들을 세워 그 위용을 부각하려 했던 것으로 추정된다. 로마 멸망 후 잦은 이민족의 침략을 피해 주민들은 거주지를 지금의 도시 중심과 주거지역인 고지대로 옮겼다. 따라서 신전들의 계곡에서는 고대 유적을, 고지대에서는 중세 이후의 건축물을 볼 수 있다. 아그리젠토는 그 후 19세기 말 잠시 지르

유네스코 앰블럼의 모델이 된 콩코르디아 신전의 위용

젠티로 지명을 바꾸었다가 제2차 세계대전 종전 후부터 아그리젠토로 불리고 있다.

바다와 유적지가 내려다보이는 고지대에 있는 시내에는 대성당과 박물관, 멋진 아치형 창으로 유명한 산토 스피리토 수도원 그리고 계곡을 경계로 동서 구시가를 연결하는 가장 번화한 비토리오 에마누엘레 광장 등이 있다. 특히 비알레 델라 비토리아 근처 공원에서 내려다보는 고대 유적지와 바다 전경은 일품이다. 고대 유적에 관심이 많다면 선사시대에서 고대에 이르기까지 이곳 지방에서 발굴된 유물들을 전시하고 있는 고고학 박물관에 들를 만하다. 이 중 높이가 7.5m가 넘는 거대한 텔레몬 진품도 있다. 또한 '아그리젠토의 장정'으로 유명한 기원전 5세기경 제작된 대리석 조각상도 빼놓을 수 없는 유물이다.

아그리젠토 신전 계곡의 선인장 군락

예정보다 늦은 오후가 되어서야 아그리젠토에 도착하였다. 예약해 놓은 모세 호텔에 여장을 풀자마자 더 늦기 전에 신전들의 계곡으로 향했다. 신전들의 계곡은 고대 그리스 건축물의 결정체를 만날 수 있는 곳으로 1997년에 유네스코 세계문화유산으로 지정되었고 일 년 내내 이탈리아는 물론 전 세계에서 온 관광객들로 붐빈다. 이곳 유적지구는 일명 '콜림베트라 정원'이라고 불리는데 면적이 무려 5ha가 넘는다고 한다. 올리브, 레몬, 아몬드나무와 지중해 일대에서 볼 수 있는 각종 꽃과 식물들이 자라고 있기 때문에 큰 규모의 야외식물원이라고 할 수 있으며 이탈리아에서 가장 아름다운 정원 중 하나로 평가받고 있다.

주차장에 주차하고 입장하려는데 오늘따라 무척이나 덥다. 먼저 이곳에서 제일 높은 곳에 있는 헤라 신전으로 향한다. 고고학자들의 연구에 의하면 원래 34개의 열주가 있었을 것으로 추정되나 현재는 25개만 남아 있다. 짙은 주황색을 띤 도리아식 거친 돌기둥과 주위에 널린 돌덩이 같은 유적 잔해들을 무심히 쳐다본다. 잠시 무한한 시간과 힘겨루기를 해보려 했던 인간들의 시시포스식 무의미함을 생각해 본다. 마침 석양의 강한 빛이 신전의 잔해를 더욱 신비하게 만든다.

바로 아래에 있는 콩코르디아 신전으로 향한다. 사실 이번에 시칠리아에 오게 된 것도 정말 오래전 보았던 이 콩코르디아 신전 사진에서 비롯된 것이니 나에게는 아주 특별한 곳이다. 드디어 콩코르디아 신전이 눈앞에 나타나자 감격이 격하게 몰려왔다. 여행을 떠나고 싶은 이유는 이런 느낌 때문이지 않을까? 우리가 학창 시절에 책에서 배웠건, 그림엽서에서 봤건, 아니면 TV 프로그램으로 봤건, 자신만의 관심과 애정의 대상을 실제로 본다는 것은 삶이 주는 자그마한 행복이 아닐까 하는 생각이 든다.

유네스크 세계문화유산으로 지정된 신전 유적

 콩코르디아 신전은 아테네의 파르테논 신전과 함께 그리스 신전 중 원형이 가장 잘 보존된 고대 건축물 중 하나이다. 4세기경부터 신전 내부에 교회(바실리카)가 있었기 때문에 거의 완벽하게 보존될 수 있었다. 많은 사람이 UN 산하 기구인 유네스코의 엠블럼이 파르테논 신전을 모델로 한 것이라고 알고 있지만 사실은 콩코르디아 신전이 주인공이다. 그만큼 역사적 가치를 인정받고 있으며, 균형과 비율이 완벽에 가깝다. 석양에 비쳐 형언할 수 없는 붉은 색으로 변한 신전 앞에 서니 여러 가지 생각이 떠올랐다 금세 사라진다. 폐장 시간이 가까워서인지 주변에는 아무도 없다. 오로지 석양과 고대 신전 사이로 부는 미풍만이 나를 감싼다.

 신전 주위에는 오래된 올리브나무들이 늘어서 있다. 나무들의 형상이 예사롭지 않다. 뒤틀리고 휘어진 나무들은 신전과 인간들의 흥망성쇠를 지켜보았을까. 한쪽에 옆으로 누운 거대한 이카로스 청동상이 올리브나무와 신전과 잘 어울린다. 이 조각상은 폴란드 출신 조형 작가인 이고르 미토라이(Igor Mitoraj)의 작품이다. 그 밑으로 보이는 헤라클레스 신전과 텔레몬상도 보고 싶었으나 시간에 쫓겨 발길을 돌릴 수밖에 없었다.

갈증을 시원하게 해결해 준 '미인' 탄산수

더위 속에 오래 걸었더니 갈증이 나서 잠시 쉬어가기로 했다. 카페는 허브꽃과 이름 모를 여러 가지 꽃 그리고 선인장으로 둘러싸여 있다. 모던하고 컬러풀한 여인이 그려져 있는 탄산수 펠리그라노를 한 모금 마시자 피로가 확 풀리는 것 같다.

관람을 마치고 쭉 뻗은 도로에 석양을 등지고 걸어가고 있으니 영화 「말레나」의 여러 장면에서 나오는 길과 사람들의 모습이 떠올랐다. 이제 곧 해가 저물 것이다. 그렇게 보고 싶던 콩코르디아를 만났는데도 즐겁지만은 않고 조금은 마음이 먹먹하다.

콩코르디아 신전과 이카로스상

왜 그럴까? 인생사가 다 그러하지만 어떤 목표를 달성한 기쁨보다는 그 과정에서 더 큰 행복감을 얻는 것 같다. 나의 숙원이던 콩코르디아는 이제 더 이상 꿈도 아니고 과정도 아니게 되었다. 이 여행을 마치고 나면 가슴속이 뿌듯하고 환해질 것으로 생각했는데 벌써 아쉬움이 앞선다.

콩코르디아의 야경을 볼 수 있는 전망 좋은 식당으로 향했다. 비토 씨가 예약해 준 레스토랑은 커다란 유리창과 시원한 공간이 마음에 든다. 특히 벽면에 장식된 멋진 미술품만 보더라도 근사해진다. 예약한 덕분에 창가 자리에 앉았다. 저 멀리 콩코르디아가 보인다. 먼저 이 지역에서 생산된 시원한 화이트와인 한 병을 주문했다. 상큼하고 향긋한 과일 향이 사방에 가득 찬다. 어둠이 깊어 가는 천 년, 아니 이천 년 고도에서 저녁을 맞게 된다. 전채에 이어 나온 갑오징어 샐러드와 가지가 들어간 '스파게티 알라 노르마'가 일품이다. 깊어 가는 어둠 속에서 조명으로 멋을 낸 환상적인 신전을 바라보면서 했던 저녁 식사는 오랫동안 잊지 못할 것 같다. 식사를 마치고 숙소로 돌아가는 길에서 올려다본 하늘의 시린 푸른색과 신전의 계곡 실루엣을 가슴에 담아 본다.

신전의 계곡 야경을 감상하며 즐긴 잊지 못할 저녁식사

PART
IV

시칠리아 바로크와 시라쿠사, 남부

148	대지진 몰락과 화산재에서 부활한 피닉스, 라구사와 **노토**
160	시칠리아 바로크의 대표 도시, 노토
170	영광과 쇠락의 뒤안길에서, 시라쿠사와 **오르티지아**
180	시라쿠사의 아들, 아르키메데스

대지진 몰락과 화산재에서 부활한 피닉스, 라구사와 노토

아그리젠토를 떠나며 올려다 본 신전의 계곡

다음 날 아침, 오늘도 구름 한 점 없는 맑은 날이다. 아침 식사 장소에는 어제와 다르게 단체 관광객이 가득하다. 동양인은 보이지 않는다. 진한 에스프레소와 함께하는 크루아상은 새로운 하루를 보낼 수 있는 에너지를 채워 준다. 오랫동안 와 보고 싶었던 콩코르디아 신전과 피란델로에 대한 감동을 가슴에 안고 다시 동쪽으로 향한다. 호텔에서 시라쿠사 방면으로 가는 지우노네 로터리에서 어제 갔던 헤라 신전이 올려다보인다. 바로 앞 도로 근처 언덕 위에는 마치 물결처럼 흘러내렸던 퇴적암 줄기가 거인의 손아귀처럼 그로테스크하고 위협적이다.

시칠리아 바로크를 대표하는 도시 중 하나인 라구사까지는 약 125km, 잠시 쉬었다 가는 시간을 고려할 때 두 시간 반 정도 걸릴 것 같다. 오른쪽 산 정상에 보이는 하얀 인물상은 시칠리아 곳곳에서 볼 수 있는데, 5세기 중 활동했던 '성 칼로제로'로 몇몇 도시의 수호성인이기도 하다. 이탈리아가 다 그런지는 모르겠지만 시칠리아는 도시마다 수호성인이 있고 매년 특정일에 성대한 행사를 가진다. 우리는 내비게이션의 안내대로 SS115번 국도를 탄다. 도로는 내륙과 해안가를 오간다. 저 멀리 바다 쪽으로 비교적 큰 도시가 보인다. 표지판에는 리카타라고 적혀 있다.

리카타는 나치 독일에 의해 점령의 질곡에 빠져 있던 유럽을 해방하기 위한 첫 출발점이었다. 흔히 제2차 세계대전의 변곡점이 1944년 6월 노르망디 상륙작전으로 알고 있지만 사실은 시칠리아 상륙작전이다. 연합군이 1943년 6월에 리카타 부근으로 상륙하여 한 달여 만에 시칠리아를 해방했다. 지금은 잔잔하기만 한 바다이지만 '허스키'라는 작전명으로 상륙작전을 펼치던 영화의 한 장면이 떠오른다. 당시 영국 정보국은 치밀한 기만 작전을 통해 독일군

방어 병력을 사르데냐와 그리스 쪽으로 배치하게 만들고 그 틈을 타 시칠리아에 상륙하여 이탈리아반도 그리고 유럽을 나치의 점령으로부터 해방시키는 전기를 마련하였다. 당시의 숨 막히는 상륙작전은 「셰익스피어 인 러브」로 유명한 미국의 존 매든 감독이 2022년에 「민스미트」라는 제목으로 제작해서 긴장감 있게 묘사했다. 해변에서 5천여 명의 희생자를 낸 상륙작전의 포연과 절규가 들리는 듯하다.

계속해서 동쪽으로 나아간다. 저 멀리 고대도시 젤라가 보인다. 젤라는 기원전 688년 그리스에서 넘어온 이주민들이 만든 도시다. 지금은 슬럼화되고 칙칙한 공장지대이지만 고대에는 타오르미나처럼 큰 도시였다. 이곳에도 그리스 극장이 있고 서부 지역인 카포 소프라노에서는 티몰레온 성벽으로 알려진 고대 유적에 대한 발굴 작업이 진행 중이다.

목적지인 라구사로 향한다. 이번에는 높은 산악지대가 보인다. 시칠리아 남서부의 고원지대인 '히블레에' 산악지대다. 최고봉인 라우로산은 해발 1,000m로, 시칠리아가 섬이기 때문에 더 높아 보인다. 고지대 앞 꽤 넓은 분지 안에 제법 큰 도시가 보인다. 이곳은 규모는 작지만 국제공항이 있는 코미소다. 시라쿠사를 비롯하여 라구사, 노토 등 바로크 도시들을 방문하는 관광객이 매년 증가함에 따라 과거 군사 공항으로 사용하던 곳을 민간 공항으로 개방한 곳이다. 성수기에는 이탈리아 본토뿐 아니라 런던, 파리, 프랑크푸르트 등 유럽 주요 도시를 잇는 직항편이 운항된다.

코미소는 이탈리아 최고 권위의 문학상인 스트레가상을 수상한 '제수알도 부팔리노'의 고향이기도 하다. 그의 대표작「그날 밤의 거짓말」은 20세기 이탈리아 문학을 대표하는 작품 중 하나이다. 배경은 양(兩)시칠리아 왕국 시절 가상의 섬에 있는 교도소로, 교도소장과 네 명의 사형수에 관한 서스펜스 스릴러 이야기이다. 부르봉 왕조의 봉건 통치와 19세기 시대상을 바탕으로, 거짓과 진실 그리고 빛과 그림자가 미로 같이 얽히고설키다가 마지막에 극적인 반전을 가져오는 내용이다. 그가 말년에 살았던 집은 현재 부팔리노 재단이 운영하는 기념관으로 사용되고 있다. 지난 2020년 이 작가 탄생 100주년이라 이를 기념하는 다양한 행사가 열렸다고 한다.

지대가 높아서 그런지 네트워크의 문제인지 내비게이션이 작동하지 않아 한참 헤맨 뒤 중심 도로로 합류해서 다시 꽤 가파른 길로 올라간다. 정상에 오르니 저 아래 도시의 건물들이 성냥갑처럼 줄지어 보인다. 표지판이 보이는 걸 보니 이제 후기 바로크의 대표 도시 중 하나인 라구사가 얼마 남지 않았다.

정오를 조금 지나 2002년에 유네스코 세계문화유산으로 지정된 라구사에 도착하였다. 해발고도가 500m쯤 되는 높은 구릉에 위치한 라구사는 시칠리아 화산 폭발사에서 유명한 1693년 폭발과 그로 인해 발생한 대지진으로 도시 전체가 심하게 파손되었다. 폭발 당시 흘러내린 거대한 마그마로 인해 도시 중간을 가르는 골짜기가 생겼다고 한다. 이전 거주지였던 동쪽 지역은 '라구사 이블라'라고 하고 서쪽 고지대는 '라구사 수페리오레' 또는 그냥 라구사로 부른다. 표고차가 100m 이상 되는 두 지역은 여러 개의 교량으로 연결되어 있어서 '다리의 도시'라고 불리기도 한다. 대지진 이후 도시를 복구하는 과정에서 시의회를 중심으로 열띤 토론이 있었는데 시민계층은 고지대에 새로운 도시를 건설하여야 한다고 주장했지만, 귀족이나 부유층 등은 원래 있던 곳을 선호하여 각각 다른 두 도시 나뉘어져 있다가 1926년 무솔리니의 방문을 계기로 하나로 합쳤다고 한다. 관광객들은 두오모와 바로크 건물들이 많은 이블라 지역을 주로 찾는다.

    도시에 들어가기 직전 언덕 아래에서 바라보는 라구사는 나폴리 옐로우 컬러의 낡은 건물들이 숨 막힐 정도로 다닥다닥 붙어 있다. 나폴리 옐로우는 후기 인상파 화가들로부터 사랑받은 색깔로 유쾌하고 가볍지만, 습기나 나쁜 공기로 인해 검게 변색되는 단점을 가지고 있다. 집들이 높은 곳에 다닥다닥 붙어 있는 것은 화산 폭발과 지진 피해가 잦았던 곳이라 그런 건지 아니면 이곳 여름의 살인적인 더위를 피하기 위해서인지 모르겠다. 독특한 주택 군락으로 유명한 마테라처럼 전형적인 이탈리아 남부 소도시 풍경이다. 잠시 차를 세우고 라구사의 풍경을 사진으로 담아 본다. 구불구불한 언덕길을 내려가 이블라 지역으로 접근하기 좋은 공영 주차장에 주차하고 본격적으로 라구사 탐방을 시작했다.

시칠리아 바로크 건축을 대표하는 라구사 이블라 전경

라구사 이블라 초입에 위치한 아니메 교회

햇볕이 눈을 뜰 수 없을 정도로 강렬하게 쏟아져 내린다. 동쪽 하늘을 올려다보니 상서로운 구름 떼가 미동도 하지 않고 멈춰있다. 자연현상 중에서 구름처럼 변화무쌍한 것은 없다. 디지털 사진 촬영이 가능한 아이폰을 사용한 후부터 자연현상과 사물에 대해 많은 관심을 가지고 사진을 찍어 왔다. 일 년에 몇 번 안 되는 멋진 순간을 포착해 찍은 사진을 볼 때마다 자그마한 행복을 느낀다.

계단으로 올라가 보니 라구사 탐방의 시발점인 공화국 광장이다. 이곳 주요 명소를 도는 순환버스를 간발의 차로 놓쳐서 어쩔 수 없이 걷기로 했다. 바로 앞에 간결한 코린트식 열주와 나무로 된 정문이 있는 교회가 있어 들어가 본다. 입구에서 본 교회의 이름은 '아니메 산테 델 푸르가토리오'로 대지진 때도 버텼다고 한다. 내부 장식은 단순하고 간결하다. 방문객도 우리뿐이다. 높은 천장 덕에 잠시 더위를 식힌다.

밖으로 나와서 약간 경사진 일방통행인 작은 길을 따라 올라간다. 도로 양옆에는 많이 낡았지만 고풍스러운 발코니가 딸린 이층집들이 있다. 내부는 어떨지 모르지만 밖에서 볼 때는 처마에 잡초가 나거나 외벽 페인트가 벗겨져 있어서 과연 사람이 살고 있는지 의문이 들었다. 하지만 종종 세탁물을 걸어 놓은 집들이 보인다. 어느 집에 주차된 전설의 꼬마차 피아트 500을 만난다. 듣던 대로 장난감 같다. 좌우에는 관광객을 상대로 하는 기념품 가게와 아기자기한 상점이 몇 곳 보인다.

라구사 대성당으로 올라가는 길과 전설의 피아트 500

산 조르조 대성당의 웅장한 큐폴라

　드디어 산 조르조 대성당의 멋진 큐폴라(돔 형식의 둥근 천장)가 보인다. 산 조르조 대성당은 시칠리아 바로크 건축의 가장 대표적인 건물로, 당시 가장 유명한 건축가 중 한 사람인 로사리오 갈리아르도에 의해 1775년에 완성되었다. 프랑스 파리에 있는 판테온을 연상케 하는 네오클래식 양식의 큐폴라가 인상적이다. 두오모의 코린트식 열주는 1층과 2층에 각각 6개, 그리고 3층에 4개로 모두 16개이며 아치형 청동 문도 유명하다. 마침 예배 시간이라 입장을 할 수 없어 일단 두오모 광장으로 이동했다.

　두오모 광장은 도로 중앙에 가로등과 조경수 그리고 철제의자를 배치한 그다지 크지 않은 공간이지만 그림엽서에 자주 보이는 이탈리아 소도시의 광장을 연상시켰다. 그때 아래쪽에서 아이들

산 조르조 대성당 앞 광장과 정오의 카페

과 지친 관광객들을 위한 귀여운 코끼리 순환 열차가 나타났다. 무더위에 갈증을 해소하기 위해 노상 카페테리아에서 샐러드와 시원한 음료를 주문해 마시면서 잠시 쉬었다가 새하얀 대리석 계단을 걸어 두오모에 들어섰다. 서늘한 실내에는 우리 외에는 아무도 없다. 양쪽 벽에 다양한 주제의 성화가 걸려있다. 광장을 통해 내리막길로 들어선다. 왼편에 네오클래식 양식의 멋진 2층 건물, '치콜로 디 컨벌새치온'이 보인다. 우리로 치자면 로터리클럽인 사교 클럽이다. 일반인들에게는 입장이 허용되지 않아 들어가 보진 못했지만 실내는 붉은 실크 벽지와 우아한 샹들리에와 가구들로 장식한 19세기 풍 인테리어가 유명하다고 한다.

계속해서 길을 따라 내려가니 자그마한 광장이 다시 나온다. 우측에 EU기와 이탈리아기가 걸려있는 바로크 건물은 시청이다.

이블라 지역 동쪽 끝에는 공원이 자리 잡고 있는데 들어가 보지는 못했다. 발길을 돌리려는데 도로변에 아랍풍의 남녀 인물상 테라코타를 이용한 광고가 눈길을 끈다. 기념품 가게인지 보석 가게인지도 모른 채 안으로 들어갔다. 젊은 여성이 반갑게 맞이한다. 매장은 그리 크지 않은데 목걸이, 귀걸이, 팔찌 등의 장신구와 스카프, 면티, 핸드백 등 품목이 다양하다. 혼자서 판매와 매장관리, 국내외 영업을 맡고 있는 마리카는 영어가 꽤 유창하다. 이곳에서 팔고 있는 모든 상품은 모두 어머니가 직접 만든 것인데, 상호인 마리넬라 스토르넬로는 어머니 이름을 브랜드화한 것이라고 한다. 어머니의 친정은 3대째 사진관을 운영했는데, 사진보다는 세라믹 소품 공예에 관심이 높아져 이 길로 들어섰다고 한다. 콘셉트는 시칠리아의 원색과 전통을 반영하는 것으로 주로 바다, 카키색 바위, 올리브 농장 그리고 에트나산에서 분출되어 굳은 화산암 라바 등을 표현하고 있다. 그러고 보니 매장에 걸린 스카프 색깔이 매혹적인 원색으로 역시 이탈리아 수공예품의 우수함을 볼 수 있다. 매장 앞 광고판에 있던 아랍풍 남녀가 그려진 검은 색 티셔츠와 손바닥 선인장을 본떠 만든 작은 귀걸이 한 쌍을 샀다. 마리카는 웃으면서 서울로 돌아가면 바로코로(Baroccoro) 브랜드를 많이 소개해 달라면서 명함을 건넨다. 이블라에 가면 꼭 마리카를 만나보시길….

기념품점 바로코로의 전시품과 광고

시칠리아 바로크의 대표도시, 노토

라구사를 떠나 다음 목적지인 노토로 향한다. 다시 SS115번 국도를 타고 모디카를 거쳐 가는 경로로 약 한 시간 정도 걸린다. 길가에 시칠리아를 대표하는 유명한 음료수 회사인 폴라라(Polara) 간판이 보인다. 1953년에 창립해 시칠리아에서 나는 오렌지, 레몬, 자몽 등으로 만든 청량음료인데 원색의 관능적인 디자인의 라벨로도 유명하다. 맛이 상큼하고 향이 좋아 우리나라에 수입하면 잘 팔릴 것 같다는 생각이 들었다. 나중에 알게 되었지만 국내 모 대기업에서 벌써 수입해서 판매 중이었다. 전 세계의 유명한 상품은 대부분 수입 판매하는 것을 보면서 우리나라 기업들이 정말 대단하다는 생각이 들었다.

드디어 시칠리아 바로크의 수도라고 불리는 노토에 도착했다.

노토시 중심으로 들어가기 전 포르타 레알레 문

지금의 시가지는 신도시로, 화산폭발 전 노토는 여기서 몇 km 떨어져 있다. 신도시는 메티산 기슭에 자리 잡고 있는데 외곽에는 레몬, 올리브, 아몬드 나무가 많이 보인다. 중심 도로인 비토리오 에마누엘레가 시작되는 도로변에 주차하고 본격적인 여행을 시작한다. 개선문 포르타 레알레를 통해 시내 중심으로 들어간다. 여기서부터 시 중심으로 이어지는 큰 도로인 코르소 비토리오 에마누엘레가 시작된다. 양쪽으로 늘어선 2~3층 바로크 건물들이 이곳이 시칠리아 바로크의 대표 도시임을 알게 해 준다.

참고로 바로크의 사전적 정의는 17~18세기 이탈리아와 프랑스에서 유행한 복잡하고 화려한 예술 혹은 건축양식이다. 포르투갈어로 '일그러진 진주'라는 어원처럼 바로크는 파격과 과장, 비정형과 불규칙 그리고 다양한 변화를 추구하였다. 그런 점에서 규칙적이고 정형화된 형식을 대표하는 르네상스와 대비된다. 르네상스를 기점으로 시작된 유럽의 근세는 17세기 바로크 시대에 전성기를 맞이한다. 바로크 예술은 17세기 종교개혁에 대항하여 추진한 반종교개혁의 표현 수단이었다. 도시마다 바로크식 건축물 주변에 예수회가 운영하는 신학교나 성당이 들어선 건 우연이 아니었다. 카톨릭 교회는 성당의 권위를 높이기 위해 건축과 미술 등 시각예술의 힘을 빌렸다. 화려하면서도 인위적인 바로크 예술은 웅장함과 비현실적, 우주적 역동성으로 종교적 열광과 황홀경을 체험하게 해 개신교로 개종한 신도들이 다시 성당으로 돌아오게 하려는 거대한 시도였다는 해석이 있다. 특히 과장성과 장식성, 규모의 웅장함, 비상하는 역동성, 불규칙한 곡선 등을 주요 특징으로 한다.

1693년에 발생한 대지진으로 초토화가 된 노토는 이후 우아하고 당당한 바로크 도시로 불사조처럼 부활하여 18세기 내내 이름을 떨쳤다. 로사리오 가리아르디, 빈센초 시나트라 그리고 안토니오 마차 등 이탈리아 출신 천재 건축가들이 열과 성을 다한 결과이다. 오른쪽에 화려한 파사드를 내세우는 대성당은 1776년에 최종적으로 완성되었다. 계단 위에 당당하게 서 있는 대성당에는 1층 전면에 8개, 2층에 4개의 코린트식 열주와 좌우 종탑 그리고 시계탑이 보인다. 청동으로 된 큰 정문을 통해 안으로 들어가니 많은 프레스코 성화와 장식이 보인다. 지난 1996년에 붕괴되었던 큐폴라는 모두 복구된 상태다.

노토시의 상징인 주황색 대성당 전면과 계단

이 건물을 배경으로 최근에 개봉한 흥미로운 영화가 있다. 「오만과 편견」, 「어톤먼트」, 「안나 카레니나」 등 고전 멜로물의 대가인 영국 출신 조 라이트 감독이 프랑스 고전인 「시라노 드 벨주락」을 현대적으로 해석하여 제작한 「시라노」이다. 이번 작품에는 단신의 연기파 배우 피터 딘클리지가 시라노 역을, 헤일리 베넷이 록산 역을 맡았다. 제작진은 17세기 프랑스 바로크 건물에 가장 부합하는 곳으로 이곳을 낙점했다. 영화를 꼭 보고 싶었지만, 국내에서는 그다지 흥행하지 못하고 일찍 내리는 바람에 기회를 놓치고 말았다. 시칠리아에는 영화의 배경이 되는 장소들이 여러 곳이어서 이를 테마로 하는 영화 여행도 재미있을 것 같다.

두오모 좌측에 보이는 화려한 바로크 건물은 '팔라조 란돌리나' 궁이다. 과거 노르만 시대에 이곳의 실세였던 산 탈파노 가문이 오랫동안 소유했던 건물로서 내부에 스핑크스 장식물이 있는 후정이 특히 멋있다고 하는데, 무슨 이유인지 외부인에게 공개하지 않는다. 2층 전체를 돌아가며 둘러싸고 있는 발코니가 독특하다. 마침 이를 배경으로 멋진 포즈를 취하고 있는 여인이 바로크의 멋을 더한다.

대성당 계단 맞은편에 있는 멋진 건물은 현재 시청으로 사용되고 있는 '팔라조 두체지오' 궁이다. 1746년에 완공되었는데 늘름한 열주들이 늘어서 있는 파사드가 시선을 끄는 단정하면서도 우아한 건축물이다.

시청 우측으로 조금 더 가니 전면에 공작새 깃털 무늬의 드레스를 한 아르누보 스타일의 미녀가 우리를 쳐다본다. 이번 시즌 공연을 알리는 플래카드다. 공연장소는 바로 앞에 있는 '티나 디 로렌초' 극장이다. 예정에는 없지만 호기심이 발동해 건물 안으로 들어가 보았다. 극장 명칭으로 사용되고 있는 티나 즉, 콘세티나 디 로렌초는 이곳 유명 가문 출신인 디 로렌초 후작의 딸로서 13세부터 연극에 출연하기 시작해 이른 나이에 이탈리아 연극계의 스타로 떠올랐다. 출입구에 있는 대리석 명판을 보니 '시의회는 1964년에 그녀를 기리기 위해 이 극장을 세운다'라고 쓰여 있다.

내부는 4층으로 된 객석과 음악을 상징하는 하프 문양의 그림으로 장식된 천장이 아름다운 원형극장이다. 잠시 좌석에 앉아 쉬

기품이 느껴지는 노토시 청사

란돌리나궁 입구에서 포즈를 취하고 있는 여인

작지만 우아한 티나 디 로렌초 극장 내부

기도 할 겸 무대를 쳐다본다. 짙은 레드와인 색의 벨벳 커튼과 앞에 놓인 꽃바구니가 시선을 확 끈다. 마치 밀라노의 라 스칼라 극장이나 파리의 오페라 좌 혹은 드레스덴의 젬퍼 오퍼에서 공연을 기다리는 기분이 들었다. 며칠 후 팔레르모에 가면 보게 될 마시모 극장은 어떤 모습일까. 밖으로 나와 보니 노토 미술관에서 '불가능이 노토다'라는 타이틀로 살바도르 달리, 칸딘스키, 미로, 피카소, 클레 등 20세기 미술가들의 걸작전이 열리고 있다는 플래카드가 걸려 있다.

그동안 해외 출장을 가게 되면 공식 일정을 마친 후 시간을 내서 미술관이나 박물관 혹은 콘서트홀을 반드시 찾았다. 뉴욕에서는 좋아하는 페르메이르의 그림을 보기 위해 비싼 택시를 타기도 했고, 워싱턴에서는 필립스 컬렉션 폐관 시간에 빠듯하게 맞춰 뛰어가 르누아르의 「선상의 점심」을 본 뒤 마지막 관람자로 나온 적도 있었다. 이런 미술관 탐방은 오래전 서울에서 열린 17세기 네덜란드 풍경화가전에서 본 요하네스 페르메이르의 「델프트 가옥 풍경」이 계기가 되었다. 당시만 해도 네덜란드 출신 화가는 루벤스, 반 고흐 정도만 알고 있었고, 페르메이르는 거의 알려지지 않은 화가였다. 처음 본 그의 작품은 델프트 골목길의 붉은 벽돌 건물과 일하는 두 여인이 그려져 있는 소박한 풍경화였다. '이봐요! 내가 궁금하지 않아요?' 뭔가 그림이 나한테 이야기를 거는 것 같았다. 빛과 그림자를 잘 이용한 차분한 분위기와 인물들의 조용한 자태가 마음을 사로잡았다. 이를 계기로 페르메이르의 삶과 예술을 섭렵하기 시작하였다. 그러다 2011년 가을 일본 교토에서 '페르메이르와 편지'라는 주제로 열린 특별전시회에 그의 작품 몇 점이 전시되고 있다는 소식을 접했다. 한 작품은 아일랜드 더블린에서 온 것이었다. 그를 만날 수 있는 절호의 기회였다. 놓칠 수가 없었다. 바로 다음 주에 시간을 내 교토로 날아갔다. 공항에서 교토국립미술관으로 바로 갔는데, 벌써 관람객이 장사진을 치고 있었다. 기다림 끝에 페르메이르를 만난 그날, 깊어가는 교토의 가을밤을 지금도 잊을 수 없다.

그 이후로 페르메이르 작품을 찾아 순례 여행을 한 끝에 전 세계에 흩어져 있는 그의 작품 36점 중 무려 22점이나 만날 수 있었다. 이제는 「진주 귀걸이를 한 소녀」 등으로 우리나라에서도 친숙

한 이름이 되었지만, 페르메이르와의 만남은 그의 삶과 예술에 대한 관심과 공부로 이어졌고, 이는 쉽지만은 않은 삶에 다소나마 위안이 되고 있다. 이처럼 여행은 무엇인가를 배우고 사랑할 수 있는 계기를 마련해 준다. 아직 만나지 못한 14점 중 개인이 소장하고 있는 2점을 제외하면 12점을 더 만나야 한다. 그중 암스테르담에 있는 2점, 헤이그에 있는 3점, 파리 루브르에 있는 2점 그리고 프랑크푸르트에 있는 1점은 언젠가 볼 수 있지 않을까 기대해 본다.

주차장으로 돌아가는 길에 원색과 멋진 디자인으로 치장한 매장이 시선을 확 끈다. 다음 목적지인 시라쿠사의 진주, 오르티지아와 이름이 같은 브랜드 매장이다. 여러 종류의 향수, 화장품, 크리스털 잔, 양초, 핸드백을 비롯한 다양한 소품을 취급하고 있다. 야자수 한 그루 아래 양쪽에 레오파드 한 마리씩을 상징으로 하는 브랜드로 시칠리아와 로마, 파리 등 일부 유럽 대도시에서만 살 수 있다고 한다. 시칠리아에서 괜찮은 선물을 찾는다면 적격이라고 생각한다.

세계적인 유명 브랜드인 '돌체앤가바나'를 창립한 도메니코 돌체도 시칠리아 출신이다. 그는 양복점을 하던 부친의 영향으로 어려서부터 옷 재단에 천부적인 재능을 보였는데, 시칠리아의 자연과 색채에서 큰 영향을 받은 것으로 알려졌다.

"우리는 시칠리아, 재단 그리고 전통이라는 세 가지 기본 콘셉트를 토대로 패션을 구상했다."

-도메니코 돌체

시칠리아의 대표적인 브랜드 오르티지아의 상품

영광과 쇠락의 뒤안길에서, 시라쿠사와 오르티지아

　　　　　　　　　　시칠리아 바로크의 대표도시들인 라구사와 노토에서의 여운을 가지고, 이번 여행의 주요 방문지 중 하나인 시라쿠사를 향해 떠난다. 시라쿠사는 기원전 730년경 그리스 이주민들이 건설한 도시로 2,700년이 넘는 유구한 역사를 가지고 있다. 기원전 212년 로마에 의해 멸망될 때까지 약 500년간 시칠리아 동부지역을 사실상 지배했다. 현재 주민은 약 12만 명인 소도시이지만, 고대 최고 전성기 인구는 약 50만 명으로 당시 아테네 인구보다 3배나 많았다고 한다. 사도 바울이 서기 44년 로마로 가는 도중 들러 며칠을 보냈다고 하며 로마제국의 지배를 받던 3세기에는 원형경기장이 건립되었다. 로마 정치인 키케로는 '시라쿠사는 그리스 도시국가 중 가장 크고 우아한 도시다'라고 평가했다. 19세기 말 시라쿠사를 방문한 모파상도 '이 특별하고 매혹적인 도시를 거치지 않고는 시칠리아 여행을 마칠 수 없다'며 찬미했다. 흥미로운 것은 현재 미국 내에 시라쿠사의 영어식 명칭인 시라큐즈라는 도시가 7개나 된다는 것이다. 그중 가장 큰 도시는 뉴욕주에 있는 대학도시로, 지금은 덜 하지만 전에는 많은 우리나라 학생이 유학하던 곳이기도 하다.

라크리메 성모교회의 독특하고 웅장한 모습

시내로 접어들자 퇴근 시간이라 그런지 차가 막힌다. 시라쿠사가 작은 도시라는 게 믿어지지 않는다. 차창 왼편으로 독특한 대형 건축물이 우뚝 서 있다. 1953년에 인근 가정집에 있던 성모상에서 5일간 눈물이 흘렀는데 이를 기념하기 위해 세운 '라크리메 성모교회'다. 현지인들은 건물 모양 때문에 '레몬 착즙기'라고 부른다고 한다. 성모님이 출현한 곳이 프랑스, 포르투갈, 멕시코 정도로 알고 있었는데 이곳에서도 볼 수 있는 것이다.

숙소인 그랜드 호텔 '빌라 폴리티'에 도착했다. 120년의 역사를 자랑하는 호텔로 하얀 대리석으로 만든 나선형 계단이 있고 벨 에포크 분위기가 느껴지는 우아한 호텔이다. 어제 머물렀던 아그리젠토 호텔이 주로 단체 관광객을 상대하는 숙소라면 이곳은 개별 여행자나 가족 단위로 묵는 곳 같은 인상이 들어 마음에 든다. 배정받은 방은 비록 작았지만 테라스가 있어 호텔 앞 정원이 보인다.

잠시 휴식을 취한 뒤 '시라쿠사의 진주'인 오르티지아에 가 보기로 했다. 오르티지아는 면적이 45ha 정도로 여의도 면적의 약 1/6 정도 크기로 내륙과 30m 정도 떨어져 있어 다리를 건너 들어가야 하는 작은 섬이다. 호텔에서부터 걸어갈 수도 있지만 만만치 않은 거리이고 또 곧 날이 저물면 찾기도 어려울 것 같아 택시를 부르기로 했다. 잠시 후 도어맨이 택시 대신에 검은색 중형 벤츠로 안내한다. 타려고 보니 운전석에는 정장을 입은 노신사가, 조수석에는 멋진 은발의 부인이 앉아 있다. 이들은 부부였다. 부인에게 같이 다니는 이유를 물었더니 세계 여러 나라에서 온 사람들도 만나고 남편과 함께 시간을 보내기 위해서라면서 초콜릿을 맛보라고 준다. 오르티지아 관광의 핵심인 두오모 광장에 도착했다. 택시는 밤 10시에 내린 곳으로 다시 오기로 하고 떠났다.

드디어 이번 여행을 계획하면서 많은 기대를 한 고대 시칠리아의 중심 두오모 광장에 섰다. 바닥이 하얀 대리석인 이 광장은 유

오르티지아의 밤은 깊어 가고

럽에서 제일 멋있는 광장 중 하나라고 한다. 서편 바로크식 건물 앞 파라솔 아래 관광객들이 앉아 있다. '팔라조 베네벤타노 델 보스코'라는 긴 이름의 건물이다. 중세 때 수도원 부속 건물로 사용되던 것을 베네벤타노 가문에서 매입해 당시 유행하던 바로크식으로 지었다. 특히 2층에 있는 9개 발코니와 건물 내 중정 그리고 베네치아식 가구 등이 유명하다. 이곳은 트라팔가르 해전의 영웅인 넬슨 제독과 양시칠리아 왕국의 페르디난드 3세가 머물렀던 곳이기도 하다. 대성당 바로 맞은 편에 있는 곡선형 건물은 '팔라조 아레초 델라 타르지아'인데 베네벤타노 궁과 비슷한 시기에 지어진 것으로 1층은 레스토랑으로 사용되고 있다. 여름밤 이곳 카페에 앉아 조명을 받아 신비로운 대성당의 자태를 바라보는 것은 오랫동안 기억에 남을 것이다. 때마침 일몰 직후 푸르스름한 어둠을 배경으로 조명에 비친 건물은 가히 환상적이다.

이탈리아에서 가장 멋있는 광장 중 하나인 두오모 광장의 야경

광장은 영화 속 장면으로도 유명하다. 「말레나」에서 그녀가 사람들의 시선을 받으며 걷는 캣워크는 최고의 장면이다. 1968년 움브리아주에서 출생한 모니카 벨루치는 처음에는 학비를 벌기 위해 모델 일을 시작했다가 패션 브랜드 모델로 무대에 서면서 차츰 명성을 얻었다. 이후 TV를 통해 배우로 데뷔한 그녀는 프란시스 코폴라 감독의 「드라큘라」, 「라 빠르망」에서 청순하고 우수에 찬 눈빛으로 영화 팬들의 마음을 사로잡으며 일약 세계적인 배우로 주목받기 시작했다. 언젠가 보스턴 글로브지는 '오랫동안 이탈리아 영화는 모니카 벨루치만큼 섹시하고 신화적인 배우를 보여준 적이 없다'라고 극찬하기도 했다.

밤이 깊어져 가는 광장은 불빛을 반사한 대리석, 하얀 대성당 그리고 말로 표현하기 어려운 짙푸른 밤하늘이 조화를 이룬다. 평생 잊지 못할 감동적인 순간이었다. 이때 '눈이 무엇인가를 보기 위한 것이라면 아름다움이야말로 그게 존재하는 이유다'라고 말했던 미국의 시인 랠프 월도 에머슨의 시가 떠올랐다. 잠시 어지러워서 대성당 외벽 계단에 앉아 눈을 감자 지나온 삶의 순간들이 주마등처럼 떠올랐다 사라진다.

시간이 꽤 지나 식사 장소를 찾아 나섰다. 광장 노천카페들의 전망 좋은 자리는 이미 손님들이 차지하고 있어서 종업원의 안내를 받아 지하로 내려갔다. 아치형 구조의 멋진 곳이긴 하지만 공기가 답답하고 요리 냄새가 배어 있다. 다른 곳을 찾기로 하고 몇 곳을 거쳐 아레투사 샘으로 가는 길에 있는 야외식당으로 정했다. 기대했던 분위기와 서비스는 아니지만 노르마 파스타와 시칠리아산 와인 그리고 생수를 주문했다. 맛은 그저 그랬지만 깊어져 가는 시라쿠사의 밤을 음미하며 식사를 마쳤다. 택시를 타고 호텔로 돌아오니 바쁜 일정과 벅찬 감흥에 피로가 몰려왔지만, 별이 총총히 뜬 테라스에 나가 맥주 한잔을 마시면서 시라쿠사에서의 낭만적인 밤을 마무리 지었다.

다음 날 아침 일출을 보려고 일어났다. 이른 새벽이지만 어스름한 빛이 창으로 들어온다. 호텔 로비에도, 거리에도 아무도 없다. 조금만 걸어가니 바다가 보인다. 바로 앞에는 전망대, 그 옆에는 기념탑이 서 있다. 제2차 세계대전 당시 에티오피아 전선에 참전해 산화한 이탈리아 군인들을 기리기 위한 위령탑이다. 바로 앞은 이오니아해다. 너무나도 조용해서 파도 소리조차 들리지 않는다. 아직 해가 뜨기 전이지만 수평선에 걸친 불그스름한 기운이 가슴을 시리게 한다. 저 멀리 남쪽으로 오르티지아가 보인다. 초여름이지만 아침이라 그런지 서늘하다. 그때 해가 뜨기 시작한다. 마치 일몰 같은 일출이다. 이 영겁의 시간과 공간에서 태양을 혼자 맞이하는 기분은 참으로 묘하다. 카스파 다비트 프리드리히의「일출 앞의 여인」이 오버랩된다. 고대 그리스인들이 이 땅에 첫발을 내디딘 이래 천체는 늘 저렇게 뜨고 지면서 인간들의 어리석고 허접한 삶을 지켜보았을 것이다. 호텔로 돌아가는 발걸음이 가벼우면서도 한편으로 무거운 생각을 떨칠 수 없다.

시라쿠라의 일출

저 멀리 오르티지아가 보이는 해변에 서서

고급 호텔이라 그런지 아침 식사가 풍성하다. 신선한 과일과 유제품 그리고 무엇보다 진한 에스프레소와 함께하는 크루아상이 일품이다. 오늘은 본격적으로 시라쿠사를 돌아볼 참이다. 우선 관광객이 몰려오기 전에 어제 갔던 오르티지아로 향한다. 섬으로 들어가기 전에 오른쪽에 있는 대형주차장에 주차하고 산타 루치아 다리를 건너 들어간다. 100m도 되지 않는 다리로 연결되어 있지만, 고대에는 급물살 때문에 접근하기 어려운 섬이었을 것이다. 마치 고려 때 물에 약한 몽골군에 대항하기 위해 강화도로 옮긴 것과 비슷한 사정이 아닐까 하는 생각을 해 본다.

도로 우측에 잡초와 돌무더기로 덮인 작은 도랑 같은 게 있는데 사람들은 그냥 지나친다. 이곳은 '포르타 우르비카'인데, 고대 성벽의 일부로서 당시에는 아폴론 신전과 연결되어 있었다고 한다. 맞은편에는 이곳에서 가장 오래된 아폴로 신전의 유적이 보인다. 신전은 1860년 발굴 당시 제단 부근에서 발견된 돌에 각인된 글자를 토대로 기원전 575년에 건립된 것으로 추정하는데, 현존하는 도리아식 신전으로는 서유럽에서 가장 오래되었다고 한다. 현재 복원이 진행 중으로 철책을 통해 벽돌 모양의 주춧돌과 작은 도리아식 기둥 그리고 후면 벽 등을 볼 수 있다. 신전은 이후 비잔틴 교회, 모스크와 노르만 교회, 군 주둔지 등으로 이용되었으며, 발굴 당시에도 스페인군의 막사 시설이 있었다고 한다. 신성해야 할 신전 유적 주위에는 허름하고 나지막한 연립주택 같은 건물이 들어차 있어 안타까운 마음이 든다.

시라쿠사의 아들, 아르키메데스

아폴론 신전 터를 지나 양쪽에 고급스러운 점포들이 들어서 있는 큰길로 조금 걸어가니 화려한 조각물로 장식된 분수가 있는 작은 광장에 이른다. 시라쿠사의 자랑스러운 아들인 아르키메데스의 이름을 딴 광장이다. 인류 역사상 가장 위대한 수학자 중 한 사람으로 평가되고 있는 그는 '유레카! 유레카!'를 외친 일화로 알려졌지만, 지렛대의 점만 찾을 수 있다면 지구도 들어 올릴 수 있다고 한 '아르키메데스의 점'도 유명하다. 피렌체에 있는 우피치 미술관에 가면 지렛대를 이용해 지구를 들어 올리고 있는 아르키메데스를 그린 작품을 볼 수 있다. 아르키메데스는 로마의 거듭된 침공으로 위기에 처한 조국 시라쿠사를 지키기 위해 기중기, 투석기, 초대형 거울 등을 만들어 로마군을 여러 차례 공포로 몰아넣었다. 수학과 아르키메데스에 대해 관심이 있다면 오르티지아에 있는 '아르키메데이온'에 방문해 보는 것을 권한다. 아르키메데이온은 응용과학박물관으로 아르키메데스가 사용하였다고 전해지는 각종 모델을 볼 수 있고 직접 작동도 해 볼 수 있다. 키케로가 재무관으로 시칠리아에 근무할 때 이곳을 방문하여 잡초가 무성한 그의 무덤을 발견하였다고 하는 기록이 있지만 진짜 무덤의 위치는 알려지지 않고 있다.

오르티지아 아르키메데스 광장의 아르테미스상

광장의 중앙 분수에 우뚝 서 있는 것은 사냥과 출산의 여신 아르테미스이다. 로마신화에서는 다이아나라고 한다. 아르테미스는 제우스와 티탄족 여신인 레토의 딸로 이곳에서 태어났다는 설이 있다. 높은 좌대 위에 서서 날뛰는 말을 내려다보면서, 사냥의 여신인 만큼 등 뒤에 화살을 걸치고 있다.

계속해서 두오모 거리를 쭉 따라가서 대성당 앞에 선다. 어젯밤 분위기와는 사뭇 다르다.

정면으로 보이는 산타 루치아 교회

시라쿠사 대성당

시라쿠사 대성당 내부의 장식화

  화려한 바로크 양식인 두오모는 고대 아테네(혹은 미네르바) 신전이 있었던 자리에 건축된 것으로, 고대 신전은 기원전 480년 시라쿠사 등이 히메라 전투에서 카르타고에 승리한 것을 기념하기 위해 지어졌다고 한다. 이후 도리아식 기둥만 일부 남아 있던 신전 터에 시라쿠사 주교가 교회를 지었는데 내부에 들어가면 그 당시의 열주들을 볼 수 있다. 곳곳에 흠집이 있고 지진 등으로 일부 훼손되었지만, 무려 2,500년 전부터 있던 기둥이다. 나도 모르게 거대한 신전 기둥을 안고 잠시 눈을 감았다. 우리는 살면서 형언할 수 없는 풍광이나 최고의 경지에 이른 예술품을 보게 될 때, 잠시 정신을 잃거나 황홀한 몰입의 경지에 빠지게 된다. '눈크 스탄스(Nunc stans)' 즉, '정지된 지금'이야말로 어찌 보면 영원한 순간이라고도 할 수 있다. 장장 2,500년이 넘는 기나긴 세월 동안 이 자리에 서서 묵묵히 역사의 부침과 인간들의 부질없는 미몽과 욕심을 지켜봐 왔을 웅장한 돌기둥과 대화를 나눌 수 있었던 것은 시칠리아에 왔기 때문에 가능한 것이다.

내부 관람을 마치고 나와 인근에 있는 산타 루치아 교회로 향한다. 광장의 동쪽 끝에 위치한 교회의 내부는 단조롭지만, 카라바조가 시칠리아에 머물 때 그린 「성루치아 성녀의 순교(혹은 매장)」로 유명하여 늘 관광객이 붐비는 곳이다. 내부는 생각보다 매우 어두워서 제단 앞에 놓인 그림은 잘 보이지 않았다. 카라바조는 이탈리아 회화사에 한 획을 그은 독특한 화가로 시대를 앞서간 사람이었다. 그는 주류를 이루었던 종교화의 전통 화풍에서 벗어나 세속적인 주제를 강한 톤으로 그렸다. 그는 빛과 어둠의 대비를 최대한 이용하여 작품의 극적 긴장도를 높이고자 했다. 아울러 '키아로스쿠로(Chiaroscuro)'라는 기법의 창시자로서도 알려져 있다. 이러한 키아로스쿠로를 이용한 대표적인 화가는 렘브란트다.

카라바조는 당시에도 유명세를 탔는데 요즘으로 말하자면 성격장애가 있었던 것 같다. 로마에서 살인까지 한 뒤 친구인 마리오 미니티의 고향인 시라쿠사로 도망쳐 왔다. 그는 시라쿠사, 메시나 등에서 약 1년간 머물렀는데, 그가 시칠리아에 대해 어떤 인상을 받았을지 궁금해졌다. 그의 시칠리아 체류와 관련해서는 알려진 게 별로 없어 아쉽다. 그는 다시 로마로 돌아갔다가 39세에 짧은 일생을 마쳤다. 베를린에 있을 때 그가 그린 「승리자 아모르」의 대형 플래카드가 미술관에 걸려있던 것이 떠올랐다. 그때는 카라바조를 잘 모르던 때라 특별전시전을 찾지 않았던 것이 지금 생각해 보면 아쉽다. 마침 인근에 있는 '시티 오브 아레투사'라는 곳에서 그가 그린 「성 안드레아의 순교」 전시회가 있다는 이야기를 듣고 그곳으로 발걸음을 옮겼다. 예수님의 열두 제자 중 한 사람이자 베드로의 동생인 '성 안드레아의 순교'는 십자가에 매달리는 성인을 사실적으로 그리고 있는데, 십자가에 매다는 작업에 참여한 다섯 사람이 짓는 안타까운 표정을 잘 나타내고 있다. 이번 여행에서 카라바조가 그린 작품을 두 점이나 볼 수 있었던 것을 행운이라고 생각하면서, 갑자기 밝은 곳으로 나오니 눈을 뜨기가 어려웠다.

갑자기 J가 카페 쪽으로 가길래 무슨 일인가 했다. 젊은 남자와 이야기를 나누더니 자전거를 끌고 온다. '아! 그렇지. 영화 「말레나」에서 레나토가 광장에서 자전거에서 내려 도도하게 걸어오는 말레나를 주시하는 장면이 있었지.' 그 장면을 생각하며 같은 포즈를 취해 본다. 이런 날이 오리라고 생각하지 못했는데 소망은 간절히 구할 때 반드시 이루어진다고 생각하며 다시 한번 말레나의 매력적인 캣워크를 떠올려 본다. 어쩌면 이번 여행은 '여신' 말레나를 만나러 온 것은 아닐까 하는 생각도 든다. 「말레나」는 토르나토레 감독이 「시네마 천국」에 이어 고향 시칠리아를 무대로 제작한 것으로 루치아노 빈센조니의 원작 소설을 읽고 작품으로 구상한 것이라고 한다. 영화에서는 두오모 광장, 스칼라 데이 투르키 등이 주요 배경으로 나오는데, 영화음악의 대가 엔리오 모리코네의 서정적 멜로디와 시적인 대사 속에서 다양한 인간의 모습이 다뤄지는 다소 멜랑꼴리한 스토리다. 여주인공 말레나는 단지 아름답다는 이유로 이리 치이고 저리 치이는 비극적인 여인이다. 모니카 벨루치가 이런 캐릭터를 완벽하게 소화해 냈다는 평을 받는다. 개인적으로는 영화의 마지막 장면이 가장 기억에 남는다. 말레나가 장을 보고 집으로 가는 길에 실수로 오렌지를 쏟았다. 이를 지켜보던 레나토가 달려가 주워 담아 준다. 이때 레나토를 살짝 돌아보는 말레나의 그윽한 눈길과 눈인사 그리고 주변을 삼삼오오 걸어가는 사람들의 뒷모습이 매우 인상적이었다. 뉴욕타임스는 「말레나」에 대해 '감동과 낙천적 유머로 가득한 말레나는 당신 생애 절대 잊지 못할 이야기다'라고 평가하기도 했다.

오르티지아에는 신화에도 나오는 님프 아레투사가 샘으로 변하였다고 하는 곳이 인근에 있어서 섬의 끄트머리인 마니아체 요새 쪽으로 가본다. 해안가 바로 옆에 자그마한 연못이 있다. 지상으로 부터 약 3m 아래에 있는 샘에는 무성한 풀이 자라고 있다. 야외에서 자라는 유럽의 유일한 파피루스다. 오르티지아섬에는 민물이 나는 샘과 인근에 키아네천과 아나포천이 있어서 외적의 봉쇄에도 버틸 수 있었다. 앙드레 지드도 「지상의 양식」에서 '물 속 깊은 곳에 푸른 샘이 솟고 있으며 파피루스 풀들 사이로 마치 물봉오리가 피어나는 듯하다'며 시라쿠사의 키아네 샘을 언급한 바 있다.

시라쿠사 시내에는 고대 그리스 극장과 로마 경기장 등이 있는 고고학 공원과 '디오니시우스의 귀' 등의 볼거리가 있지만 우리는 시칠리아에서 가장 큰 규모를 자랑하는 시라쿠사 고고학 박물관 (파올로 오르시 박물관)으로 먼저 갔다. 박물관은 19세기 초 저명한 고고학자인 사베리오 란돌리니가 시라쿠사 주교의 지원을 받아 주교 궁전에 설립한 곳이다. 12,000㎡ 크기의 3층 건물로 총 5개 전시실로 구성되어 있는데, 마치 미로처럼 복잡해서 잘못하면 출입구를 못 찾을 수도 있다. 제2차 세계대전이 끝나고 관장에 오른 파올로 오르시의 뜨거운 열정으로 엄청난 유물을 전시하는 곳이 되었다. 박물관에는 선사시대 유적부터 비잔틴시대의 유적까지 약 18,000점을 전시하고 있다. 헬레니즘과 로마시대의 유적을 전시하는 전시관 D가 하이라이트다. 가장 유명한 작품은 란돌리나의 비너스로 목과 오른팔이 없는 등신 규모의 조각상인데, 1804년 시라쿠사의 작은 사원에서 발견되었다. 이 조각상은 시칠리아에서 가장 아름다운 조각상으로 손꼽힌다. 특히 뒤태가 기가 막히게 멋있어서 인기가 많다고 한다. 엄청난 규모의 전시물을 제대로 보려면 몇 날 며칠은 관람해야 할 것 같다. 시칠리아를 여행하게 되면 꼭 시간을 내서 이 박물관과 팔레르모에 있는 고고학 박물관, 두 곳은 반드시 방문하길 권한다.

이로써 시라쿠사에서의 일정을 마치고, 타오르미나와 에트나 화산 등반 일정을 위해 예약한 에트나 기슭의 링구아글로싸로 출

시라쿠사에서 가장 아름답다는 란돌리나의 비너스

발한다. 링구아글로싸를 직역하면 '거대한 혀'로 17세기에 흘러내려 굳은 용암이 마치 혀처럼 생겼다고 해서 붙은 이름이다. 언제 터질지 모르는 거대한 화산을 코앞에 안고 있어 늘 긴장감이 감도는 화산 등반을 위한 북동부의 전진 기지쯤 되는 곳이다.

PART V

시칠리아 진주와 에트나 등정,
동북부

192 고대 그리스 극장에서 괴테와 만나다, 타오르미나

206 잊을 수 없는 과일향 속 푸른 밤, 링구아글로싸

208 드디어 유럽 최고의 활화산에 오르다, 에트나

219 코르네오네의 눈물과 '브루치아 라 테라', 사보카

고대 그리스 극장에서 괴테와 만나다, 타오르미나

"시칠리아를 보지 않고 이탈리아를 보았다고 할 수 없다. 시칠리아는 모든 것들의 핵심(Clue)이다"
- 괴테

"시칠리아는 그 어떤 여인에게도 비교할 수 없이 아름답다"
- 트루먼 카포티

"다양한 문화를 겪었기 때문에, 시칠리아는 다른 어떤 곳과도 비교할 수 없는 매력적인 곳이 되었다"
- 안드레아 카밀레리

시칠리아를 방문했던 사람들에게 가장 멋있었던 곳이 어디인지 물어보면 타오르미나를 꼽는 사람이 가장 많다고 한다. 타오르미나는 아그리젠토에 있는 콩코르디아 신전과 함께 고대 그리스 극장이 있는 곳이다. 오래전 괴테의「이탈리아 기행」에서 처음 이곳을 알게 되었을 때, 에트나 화산이 보이는 전망 좋은 곳에 고대 유적 폐허를 그린 그림이 인상적이었고 독특한 이름도 희미하게 기억에 남았다. 그리고 무엇인가 활활 타오르는 뜨거운 매력이 느껴졌다.

타오르미나라는 명칭은 고대 그리스인들이 이곳을 '타우로메니온'이라고 부른 데서 비롯되었다. 타오르미나의 역사는 기원전 734년, 지금은 작은 어촌인 자르디니 낙소스에 상륙해 정착한 그리스인으로부터 시작되었다. 기원전 4세기 초 이웃한 시라쿠사가 이곳을 침공하자 당시 원주민이던 시켈인들이 언덕 위로 도피해서 만든 도시가 타오르미나다. 기원전 3세기에 들어 타오르미나는 전성기를 구가하였기 때문에 전문가들은 그때 극장이 세워졌을 것으로 추정한다. 그러다 기원전 36년 로마제국의 지배를 받기 시작하면서 귀족들의 휴양지로 이용되었다.

해안도로를 달리며 타오르미나를 보면 까마득한 산꼭대기에 있어 아찔해 보이지만 실제 높이는 해발 200m로 그다지 높은 편은 아니다. 타오르미나는 13㎢밖에 안 되는 협소한 지역으로 대부분 관광업에 종사하는 주민 약 1만 명이 살고 있다. 지난 2017년에 이곳에서 G7 정상회의가 개최되었다. 그때 참석한 정상들을 위해 그리스 극장에서 음악공연이 열렸는데, 그때 마에스트로 정명훈이 지휘했다.

이곳은 18세기 유럽에 그랜드 투어 붐이 일어난 이후부터 괴테를 비롯해 유럽의 명사나 그 자제들이 즐겨 찾았던 곳이다. 그리스 극장 때문에 즐겨 찾기도 하지만 타오르미나는 기가 막힌 전망과 겨울에도 비교적 따뜻한 날씨 등으로 매력적인 관광지다. 이곳은 일 년 내내 전 세계에서 온 관광객들로 붐비는데 특히 한여름 휴가철에는 관광객이 너무 많아 피하는 게 좋다. 방문하기에 가장 좋은 시기는 오렌지와 레몬 꽃향기가 넘치고 눈 덮인 에트나 화산을 볼 수 있는 4~5월이다. 이곳에 왔다가 타오르미나의 매력에 반해 아예 주저앉는 사람들도 있다. 대표적으로 독일 출신 사진작가인 '빌헬름 폰 글뢰덴'을 들 수 있다. 그는 1880년에 이곳에 온 뒤 죽을 때까지 50년간 머물면서 작품 활동을 했다. 또한 20세기 초 이곳을 방문했던 영국 화가 로버트 킷슨은 언덕 위 전망 좋은 곳에 우아한 집을 짓고 각종 꽃과 나무를 심어 가꾸며 살았다. 그의 집 카사 쿠세니는 현재 피카소의 작품 등을 볼 수 있는 미술관과 격조 높은 호텔로 사용되고 있다. 숨 막히는 전망은 물론, 정원과 특히 테라스가 멋있기 때문에 그레타 가르보, 테네시 윌리엄스, 헨리 포크너 등 유명 인사들이 즐겨 머물렀다고 한다.

SS120번 도로를 타고 해안 쪽으로 내려가 주도로인 E45번을

타오르미나로 올라가는 길에 내려다 본 전경과 이솔라 벨라

타고 북동쪽으로 올라간다. 이제 SP10번 도로를 타고 타오르미나가 있는 비탈길로 진입한다. 커브를 돌 때마다 아래를 내려다보면 정말 아찔하다. 해안에서 200m를 올라가는 이 험난한 길을 관광버스는 어떻게 다니는 걸까? 중간에 주차하고 전망대에 오르니 정말 기가 막힌 경치가 보인다. 시퍼런 망망대해를 바라보니 아무 생각도 들지 않는다. 말로만 듣던 이솔라 벨라섬을 중심으로 양쪽에 툭 튀어나온 곳이 보인다.

저 바다에서 프랑스의 거장 뤽 베송 감독이 제작한「그랑 블루」가 촬영되었을 것이다. 1988년 개봉한「그랑 블루」는 인간과 자연 그리고 우정과 사랑을 생각해 보게 하는 명작이다. 프랑스, 그리스 등 여러 곳에서 촬영했지만, 국제 다이빙 대회 장면을 촬영한 타오르미나가 핵심이 아니었을까 생각해 본다.

이곳 '4월 9일 광장'은 타오르미나에서 꼭 들러야 하는 포토존이다. 인근에 보이는 카페는 이곳에서 가장 오래된 '카페 분더바'로 헤밍웨이가 칵테일을 마시던 곳이다. 바로 뒤에는 산 주세페 교회가 있는데 양파 모양을 한 종루가 멋있으며 결혼식을 마친 신혼부부들이 기념사진을 촬영하는 곳이다. 버스터미널 밑에 있는 공영 주차장에 주차하고 본격적인 탐방에 나선다. 그리스 극장으로 올라가는 도로인 피란델로 거리 좌우에 크고 작은 호텔들이 있는데 하나같이 꽃과 이국적인 나무로 장식했다. 쭉 걸어가면 정면에 보이는 포르타 메시나에서 중심 도로인 코르소 움베르토 거리와

만난다. 극장으로 올라가는 테아트로 그레코 거리 양옆에는 기념품 가게, 각종 키오스크, 자그마한 레스토랑이 즐비하다. 3층 높이의 집들도 벽을 원색으로 칠하고 발코니에 각종 화분을 장식한 것을 보면서, 주민들이 이곳이 시칠리아 최고의 관광지라는 자부심을 보이려고 애쓴 인상을 받았다. 고소한 냄새에 이끌려 간 곳은 튀김집이다. 가게에 들어가 그리스식 해산물 튀김을 콘 모양의 종이컵에 받아 들고 맛을 본다. 가게를 나와 왼쪽으로 야자수와 흐드러진 부겐빌레아가 눈에 확 띄는 높은 담장 끝에 정문이 보인다. 매표소 앞에는 벌써 줄이 길다. 이제 곧 휴가철이 되면 메시나 문까지 줄을 서야 할지도 모른다. 입장료는 10유로로 조금 비싼 편이다. 매월 첫째 일요일은 무료입장이 가능하다고 한다.

 드디어 그리스 극장이다. 시칠리아가 가장 자신 있게 내놓는 최고의 장소라고 하니 일생에 한 번은 꼭 방문할 만하다. 무대 앞에 있는 코린트식 열주 4개가 유난히 높아 보인다. 왼쪽 벽면 앞에는 4개의 열주를 받쳤던 기단만 남아 있다. 아치형 벽면은 붉은 벽돌로 되어 있는데 대부분 19세기에 복원하면서 보강한 것이라고 한다. 중간 관람석 맨 위에 서니 저 멀리 이오니아해와 낙소스해변 그리고 에트나 화산 정상이 눈에 확 들어온다.

 기원전 3세기에 세워진 이 극장은 반원형 형태로 되어 있다. 전망이 가장 좋다고 하는 타우로산 끄트머리에 있는 자연 암석을 이용하여 만들었다가 서기 2세기 로마시대에 대대적으로 개조하여 사용하였다고 한다. 극장은 시라쿠사에 있는 그리스 극장에 이어 시칠리아는 물론이고 이탈리아 본토나 북아프리카에 있는 극장 중 두 번째로 규모가 크다. 관람석은 아홉 개 구역으로 나뉘어져 있으며, 최대 5천 명까지 수용할 수 있다. 로마시대에는 콜로세움처럼 검투사들의 생사를 건 싸움을 볼 수 있었다고 한다. 그리스 극장에서는 지금도 공연이 열리고 있는데, 무대 정면 일부가 무너진 덕분에 공연도 보고 석양이 지는 멋진 에트나 화산도 감상할 수 있다.

 관람석 맨 위에 올라가서 벽돌 벽 앞으로 둥글게 한 바퀴 쭉 돌아보는 것도 좋다. 에트나 화산 반대쪽으로도 바다가 보인다. 정

타오르미나 그리스극장 전면의 궁륭형 벽과 열주

계단 위에서 본 그리스극장 전경과 멀리 보이는 에트나

말로 전망이 최고 좋은 곳에 자리 잡은 것을 알 수 있다. 자그마한 건물 앞에 '괴테 소로(Sentiero di Goethe)'라는 간판이 붙어 있다. 250여 년 전인 1737년 5월 7일 새벽 3시, 괴테는 칼스바트를 떠나 이탈리아 본토 여러 곳을 거쳐 바다 건너 시칠리아를 찾아 꽃들이 만발한 그리스 극장 계단에 우뚝 서서 지금 내가 보는 풍경을 똑같이 보았을 것이다. 그가 이곳에 와 섰던 정확한 장소는 알 수 없겠지만 직접 괴테를 만난 것처럼 가슴이 벅차다.

아무리 오래 머물러도 아쉬울 것 같은 관람을 마치고 나와 코르소 거리로 들어선다. 양쪽 거리의 집들은 3층 높이로 일정하다. '4월 9일 광장'에 도착하기 직전, 건물 벽면에는 가리발디 명판이 또 보였다. 그의 탄생 100주년을 기념해 1907년에 제작한 것이다. 광장은 바둑판식으로 회색과 흰색 대리석으로 되어 있는데 전망대 아래를 내려다보니 이오니아해에 요트가 몇 척 떠 있고, 해안가 옆으로 막 기차가 지나가고 있다. 저 멀리 니케상이 서 있는 낙소스곶이 보인다. 버건디 그린을 섞어 놓은 듯한 바닷물 색이 파란 하늘과 잘 어울린다. 하늘을 올려다보니 새털구름이다. 가스등 모양을 한 사각 등이 4개 달린 클래식한 청동 가로등과 맞닿아 마치 연기를 뿜어내는 것 같다.

인터넷에서 추천하는 식당을 찾아 코르소 움베르토 거리 끝까지 가보았지만 결국 찾지 못했다. 어쩔 수 없이 다른 식당을 찾아

4월 9일 광장 앞 교회

광장에서 내려다 본 이오니아해

보기로 했다. 골목 계단 위에 정말로 큰 진홍빛의 부겐빌레아꽃이 만발한 나무가 있는 레스토랑을 발견하고 야외에 자리를 잡았다. 고르곤졸라 피자와 홍합 스파게티를 시켰다. 거창한 상호에 비해 맛은 그저 그랬다. 화사한 꽃 우산 아래에서의 식사라는 자릿값으로 만족해야 했다.

시간이 된다면 그리스 극장 근처에 있는 19세기 영국 정원을 본떠 조성된 '시립영국정원'을 방문하는 것도 의미가 있다. 공원은 약 3ha 정도로 올리브나무, 야자수 그리고 이국적으로 다양한 꽃과 나무들로 꾸며져 있다.

이제 숙소로 가야 할 시간이다. 타오르미나에서 내려와 다시 링구아글로싸로 향한다. 산기슭에서 보니 에트나 화산 정상에서 연기가 뿜어져 나오는 것 같이 보인다. 산중턱에 있는 숙소를 향해 올라가는데 반대 방향에서 차들이 계속해서 내려온다. 현지인들은 화산폭발 가능성을 알고 대피하는데 우리만 화산으로 올라가는 것 아닐까 하는 생각이 들며 불안해졌다. 아무리 현대 과학과 기술로 화산폭발 가능성을 예측할 수 있다고 해도 자연현상은 인간이 어찌할 수 있는 게 아니다. 불안불안한 생각과 조마조마한 마음으로 오를 수밖에 없었다.

그리스극장의 계단과 후면 벽

멀리 보이는 낙소스 해변

잊을 수 없는 과일향 속 푸른 밤, 링구아글로싸

숙소에 들어가기 전 오늘 저녁에 먹을 과일을 사려고 동네 입구에 차를 세우고 야채와 과일을 파는 조그만 상점으로 들어갔다. 주인으로 보이는 젊은 청년이 놀라는 기색이다. 아무리 에트나 화산의 전초기지 같은 곳이지만 동양인을 보기는 쉽지 않을 것이다. 영어가 통하지 않아 구글 번역기를 통해 이곳 화산 지역에서 나는 정말 싱싱한 체리, 살구, 토마토와 오렌지를 샀다. 이때 맛본 과일은 그 후 먹은 어떤 과일보다 싱싱하고 향긋했다. 지금도 그때의 체리와 오렌지의 색깔과 향기를 잊을 수 없다. 지금 와서 생각해 보면 그 작은 채소가게에서 젊은 주인과 사진 한 장 찍지 못한 것이 못내 아쉽다.

비토 씨가 소개해 준 숙소는 에어비앤비 같은 곳으로 넓은 거실과 방 3개, 욕실 겸 화장실 그리고 높은 천장이 있어 쾌적했다. 거실 창문으로 보이는 성당 첨탑과 하늘이 멋지다. 아까 사 온 싱싱한 과일과 인근에서 생산한 품질 좋은 와인을 마시며 엔리오 모리코네의 멜로디에 취해 노래도 몇 곡 불렀다. 이 순간이야말로 '화양연화'라는 생각이 든다. 에트나의 푸른 밤이 깊어 간다.

드디어 유럽 최고의
활화산에 오르다, 에트나

에트나 화산은 또 하나의 시칠리아다. 2013년에 유네스코가 지정한 세계자연유산이기도 한 에트나 화산은 해발 3,000m가 넘는 활화산으로 유럽에서 가장 높다. 에트나라는 이름은 고대 그리스어로 타오른다는 뜻을 가진 아이트네에서 비롯되었다. 이 산은 화산폭발 등으로 높이가 매년 조금씩 바뀐다고 하는데, 대략 3,320m 전후라고 한다. 흔히 알려진 폼페이의 베수비오 화산보다 두 배 반이나 높은 것이다. 지질학자들에 따르면 유럽-아프리카판에 놓인 에트나 화산은 약 50만 년 전 해저에서 솟아난 것이라고 한다.

투키디데스는 가장 오래된 폭발기록을 기원전 7세기경이라고 기록하고 있다. 이후 에트나는 여러 차례 크고 작은 폭발로 이곳 사람들에게는 삶과 죽음을 같이하는 신화의 대상이 될 수밖에 없었다. 신화에 따르면 불과 대장장이의 신인 헤파이스토스가 제우스를 위해 번개를 만들어 주었는데 그 공장이 에트나 화산에 있었다고 한다. 제우스는 명실공히 '신들의 신'으로 등극하는 과정에서 거물 괴수들과 치열한 싸움을 거쳤는데 마지막 상대가 반인반수의 티폰(Typhon)이었다. 티폰은 어원적으로 태풍의 기원이기도 하다. 티폰은 대지의 신인 가이아와 저승의 신인 타르타로스 사이에서 태어났는데 백 개의 용머리를 가졌다. 제우스는 실로 어려운 싸움을 거쳐 그를 에트나에 묻어 버렸는데, 지금도 티폰이 몸부림칠 때마다 화산이 폭발한다고 한다.

역사상 가장 강한 화산폭발은 1693년 1월에 있었다. 당시 폭발로 인해 인근 대도시인 카타니아 주민의 절반 이상이 사망하는 등 엄청난 피해를 당했다. 최근 기록을 보면 2002년 10월 폭발로 흘러내린 용암이 엄청난 규모의 소나무 숲을 태우고 스키 리조트까지 덮쳤다고 한다. 2019년 7월에는 화산재가 하늘 높이 솟아올라 인근 카타니아와 카미소공항이 일시적으로 폐쇄되기도 했다. 현지인들은 화산을 몬지벨로라고도 부르는데 이는 '산 중의 산'이라는 뜻이다.

에트나 화산은 활화산이지만 1~2년에 한 번씩 가스를 분출하기 때문에, 분화 예측이 가능해서 착한 화산으로 불리기도 한다. 화산이 많은 이탈리아의 지진화산연구소(INGV)에서 늘 체크하고 있기 때문에 크게 염려할 것은 없다. 에트나 화산은 화산학과 지구물리학은 물론 지구과학, 생태학, 생물학 등 여러 분야에서 관심을 가지고 연구하고 있는 일종의 야외실험실이기도 하다. 화산이 피해만 주는 것은 아니다. 순기능도 많다. 분출한 용암은 시간이 흐르면서 땅을 비옥하게 만들기 때문이다. 유기질 성분이 풍부한 화산재 토양 때문에 맛 좋은 과실을 재배할 수 있고 이에 따라 품질 좋은 와인을 생산한다. 시칠리아인들은 지금도 화산폭발을 신의 섭리, 운명의 일부로 받아들인다.

오늘은 에트나 화산에 오르는 날이다. 서둘러야 한다. 그런데 집 주위 하늘에 수많은 제비가 엄청나게 빠른 속도로 날아다닌다. 혹시 화산폭발을 예감한 동물들의 이상 행동이 아닐까 하는 걱정이 몰려왔다. 숙소 열쇠를 우편함에 넣어 체크아웃을 마치고 아침 식사를 하러 간다. 시칠리아에서는 대부분 숙박에 조식이 포함되어 있다. 그러나 규모가 작은 호텔이나 펜션에서 식사 제공이 어려운 경우에는 인근 식당의 조식 쿠폰을 제공한다. 우리 숙소와 연결된 식당은 식당이라기보다는 간단한 키오스크바 같은 곳이다. 겨우 자리 하나를 잡아 크루아상과 에스프레소 한 잔으로 아침을 해결한다.

에트나 등반은 '트립어드바이저' 독일 사이트를 통해 예약했다. 사전에 메일로 안내받은 것에 따르면 카타니아 등 대도시에 숙소가 있는 경우는 호텔에서 만나기도 하지만, 우리처럼 개별 숙소에 투숙하는 경우에는 탐방로 입구의 미리 정한 장소에서 만나 출발한다고 한다. 우리는 숙소에서 약 20km 떨어진 '산타 베네니라'라는 도시 입구에 위치한 주유소에서 만나기로 했다. 우리 일행을 화산까지 안내할 여행사는 에트나 탐방을 전문으로 하는 '시실리 액션'으로 9시 30분에 만나기로 되어 있었다.

반나절 일정의 투어 비용은 개인당 45유로이고 종일 코스는 중식을 포함해 65유로이다. 가격은 투어 회사별로, 옵션별로 차이가 난다. 혹시라도 차질이 있을까 봐 미팅 예정 시간보다 30분쯤 먼저 도착해 주차하고 잠시 쉬었다. 약속 시간이 되자 산악용 사륜구동 SUV 차량 3대가 동시에 나타났다. 우리는 영국에서 온 여대생 4명과 같은 조에 편성되었다. 운전과 안내를 담당한 마르코와 차량 3대의 이동을 총괄하는 팀장도 함께 탑승하였다. 에트나 화산은 여러 방향에서 접근할 수 있으나 우리는 남쪽 사면을 따라 올라가는 코스인 듯하다. 차 안에서 들은 설명에 따르면 가장 먼저 몬테 폰타나와 용암동굴이 있는 계곡에 잠시 들렀다가 주 능선을 따라 올라갔다 내려온 뒤, 이어서 화산 정상 초입까지 갈 수 있는 케이블카가 출발하는 해발 1,910m의 사피엔자 산장까지 다녀오는 일정이었다. 전문 등반인이 아닌 일반 방문객에게 가장 일반적이고 적합한 루트다.

에트나 화산 정상에는 4개의 분화구가 있는데 전문가가 아닌 사람이 제한된 시간에 가까이 가보는 건 쉬운 일은 아닌 듯하다. 꼭 가보고 싶다면 최종 목적지인 사피엔자 산장에서 케이블카를 타고 전문 가이드와 동행해야 한다. 비용은 케이블카에서 내린 다음 타게 되는 특수제작 버스와 가이드 비용을 포함하여 약 65유로이고, 복장 등 일부 장비는 현장에서 대여해 주기도 한다. 케이블카에서 내리는 곳이 해발 2,500m이고 거기서 특수 제작한 버스를 타고 해발 2,920m에 위치한 '철학자의 문'에서 내린 다음, 다시 가파른 경사를 약 2km 걸어 올라가야 분화구와 연기를 직접 볼 수 있다. 내려오는 케이블카를 타기 위해서는 왕복 4시간 안에 다녀와야 하니 체력도 따라주어야 한다. 북사면인 '피아노 프로벤자나 루트'는 주로 전문 산악인들이 찾는 곳이다. 이 루트는 우리가 묵었던 링구아글로싸가 베이스캠프 역할을 한다.

에트나로 가는 길

이제 에트나 화산을 향해 힘차게 출발한다. 산 위로 올라가는 동안 좌우로 작은 동네들도 있고 포도 재배지와 과수원도 보인다. 마치 제주도 중산간 도로를 차를 타고 가는 느낌이다. 올라갈 때마다 풍경이 조금씩 달라진다. 본격적으로 산으로 올라가기 전 마지막 동네인 '제페라나 에트나'를 지난 뒤 오른쪽을 보니 화산폭발로 흘러내린 용암의 흔적이 보인다. 팀장은 무전기로 다른 차량과 수시로 연락하면서 틈틈이 영어와 독일어로 설명해 주었다. 우리는 정상이 보이는 꽤 넓은 공터에서 잠시 내려 에트나 화산에 대한 설명과 세부 일정에 대해서 다시 설명을 들었다. 산 정상에 눈 같은 것이 쌓여 있는 것이 선명하게 보인다. 지난해에 내린 눈이냐고 물어보니 지금은 초여름이라 눈은 없고, 하얗게 보이는 것은 화산 분출 시 쌓인 유황이라고 한다. 용암이 식어 굳은 곳이지만 소나무, 자작나무 그리고 각종 낙엽송이 보인다. 분화 후 엄청난 화산재가 가라앉고 그 위에 흙이 쌓인 평지에는 잡목과 풀이 자라고 있다.

차에서 내려 그로타라고 불리는 용암이 식어 만들어진 동굴 탐험에 나섰다. 우리 일행은 땅이 푹 꺼진 형태의 동굴 입구 앞에 섰다. 가이드는 통상 스노우 동굴이라 부른다고 한다. 안전모와 손전등을 지급받고 안전 수칙에 대해 듣고 가이드를 따라 크레바스처럼 생긴 틈새를 통해 동굴 안으로 들어갔다. 이 동굴은 용암이 급격하게 식으면서 공기가 들어가 생긴 것인데, 손전등으로 현무암을 비춰 보니 짙은 노란색의 유황이 선명하게 보인다. 내부는 한

화산동굴 입구

동굴 속에서 올려다 본 하늘

라산 밑 만장굴과 비슷한 것 같다. 바깥의 더운 날씨 속에 피서 온 느낌이 든다. 동굴탐사를 마치고 나와 파란 하늘 아래 푸르른 나무와 싱싱한 풀을 보니 우리가 누리고 있는 자연의 혜택에 그저 감사하다는 생각이 든다. 이제 다른 차에 탔던 일행들과 합류하여 제주도의 오름처럼 생긴 분화구를 탐방하기 시작했다. 산밑으로 엄청난 경사면인 보베 계곡이 아스라이 보인다. 다른 차량으로 온 일행과 합치니 인원이 꽤 많다. 귀엽게 생긴 서양 아이 둘이 독일어를 사용하길래 어디서 왔느냐고 물으니 부끄러워하면서 부모 옆으로 도망간다. 이들은 뮌헨에서 온 가족으로 휴가를 맞아 시칠리아에 처음 왔는데, 이렇게 에트나 화산까지 볼 수 있어 기쁘다면서 기분이 들떠 있었다. 다른 이들도 대부분 멀고 낯선 여정을 꺼리지 않는다.

용암이 식어 생긴 현무암 바위틈에 핀 캐모마일 같은 이름 모를 들꽃과 고사리 등을 보면서 화산에서 살아가는 식물들의 강한 생명력을 새삼 생각해 본다. 이곳의 여름은 비 한 방울 내리지 않는 날이 많은데 투수가 빨리 진행되는 화산재에 뿌리를 박고 살아야 하는 이 작은 생명들은 아마도 새벽에 기온 차로 생기는 이슬을 먹고 살지 않을까?

저 아래 이오니아해가 까마득히 보이고 주변은 검은색 대지와 군데군데 푸른 식물군이 보인다. 이제 탐방을 마치고 식사와 휴식을 위해 산장에 있는 식당으로 이동한다. 건물은 90년 전에 세워진 것인데, 화산 폭발로 손상을 입은 흔적이 그대로 남아 있다. 갈

능선을 타고 에트나 등정에 나선 관광객

에트나 능선

중도 나고 고지대에서 마시는 맥주는 어떤 맛일지 궁금해 인근 메시나에서 생산하는 맥주 비라 델로 스트레토와 피자를 시켰다. 휴식을 마치고 일행들과 차가 있는 출발 지점으로 하산한다. 짧은 시간이었지만 유럽 최고의 활화산, 신화의 에트나 화산을 등반한 것은 오랫동안 기억에 남을 것 같다.

화산 투어를 마친 뒤 쉬지도 못하고 바로 다음 행선지인 사보카로 향한다. 멀리 '산 탈피오라'는 안내판이 나온다. 그곳에는 수령 2천 년에서 4천 년으로 추정되는 세계에서 가장 오래되고 가장 큰 밤나무가 있다. 전설에 따르면 아라곤가가 통치하고 있을 당시, 왕녀와 백 명의 기사들이 사냥할 때 폭우가 쏟아지고 요란한 번개가 쳤다. 그때 이들은 이 나무를 발견하고 급히 그 아래로 피했는데, 모든 이가 비를 피할 수 있었다. 그래서 붙여진 이름이 '백 명의 기사 밤나무'이다. 수천 년이 넘는 세월 동안 수없이 거듭되었을 화산 폭발을 어떻게 견뎌내고 살아남았는지 신기할 따름이다. 아그리젠토 신전들의 계곡에서 본 오래된 뒤틀린 올리브 나무와 함께 참으로 놀라운 생명력이다. 늦기 전에 사보카에 도착해야 해서 아쉬움을 뒤로하고 전설의 고향 밤나무의 건승을 기원했다. 이제 다시 영화 속 현장으로 떠난다.

코르네오네의 눈물과
'브루치아 라 테라', 사보카

1972년에 개봉한 마피아 영화의 고전인 「대부」의 주요 촬영지 중 하나인 사보카는 생각보다 아주 작은 도시다. 하지만 주인공의 비극적인 사랑의 상처가 여전히 노래로 남아 있기 때문에 전 세계 대부 팬의 순례지이기도 하다. 높은 언덕에서 멋진 전망을 자랑하는 사보카는 이탈리아에서 가장 아름다운 마을 중 하나다. '이탈리아에서 가장 아름다운 마을'이라는 긴 이름의 협회는 2001년에 결성된 이래 이탈리아 소도시 중 역사적, 예술적, 문화적 유산을 가진 마을을 아름다운 마을로 선정한다. 현재 약 300개 마을이 선정되었는데 시칠리아에는 사보카 외에도 에리체, 체팔루, 삼부카 등 20여 개 마을이 여기에 속한다. 이오니아해를 오른쪽에 두고 사보카로 향하는 도로에서 보니 저 멀리 이탈리아 본토가 어렴풋이 보이기 시작했다.

영화 「대부」 촬영 도시, 사보카 전경

그제야 나는 시칠리아에 온 후 처음으로 시칠리아가 이탈리아의 일부라는 것을 실감했다.

얼마 후 이오니아해를 등 뒤에 두고 해발 300m에 있는 사보카를 향해 꼬불꼬불한 작은 길로 오른다. 이때 눈 앞에 펼쳐지기 시작한 전경은 아름다움이나 문명적인 것과는 다른 느낌이다. 「이상한 나라의 앨리스」처럼 마치 갑자기 중세시대로 빨려 들어가는 기분이었다. 마을 입구에 있는 작은 포시아 광장에 들어서니 갑자기 전혀 다른 분위기다. 「대부」의 촬영 장소였던 비텔리 바의 야외 테이블에는 관광객들로 가득 차 빈자리가 없다. 광장 반대편에 있는 난간에는 영화 작업 중인 코폴라 감독을 기리는 금속 조형물이 보인다. 그러나 이 조형물은 사보카 분위기와 전혀 어울리지 않는다. 어떻게 보면 영화라는 문명이 오래 잠들어 있던 이 사보카에 조그마한 생기를 불어넣었다는 인상을 받았다.

우선 저 멀리 이오니아해를 내려다보면서 오르막길 끝에 위치한 산 니콜로 성당을 향해 돌길을 걸었다. 12세기 노르만 시대에 만들어진 성문을 지나면서 고즈넉한 이곳의 아름다움이 조금씩 드러난다. 13세기에 세워진 산 니콜로 성당은 마치 요새 같은 외관을 가지고 있다. 성당 내부에는 은으로 만든 성녀 루치아의 동상이 있어서 산타 루치아 성당이라고 부르기도 한다.

「대부」1편은 주로 성당 입구와 성당 앞에서 포시아 광장으로

영화 「대부」에서 결혼식이 열렸던 산타 루치아 성당으로 오르는 길

내려가는 도로, 포시아 광장, 비텔리 바에서 촬영했다. 성당에서 나오자 영화 속에서 마이클 코를레오네(알 파치노 분)가 비텔리 바 주인의 딸인 아폴로니아와 산 니콜로 성당에서 혼례 성사를 마친 뒤에 악대의 뒤를 따라 하객들과 함께 광장으로 걸어 내려가는 모습이 눈앞에 생생하게 떠올랐다. 귀에서 대부 OST 중에서 가장 유명한 '사랑의 테마'가 울려 퍼지는 것을 느낄 수 있었다. 스칼라 데이 투르키, 시라쿠사에 이어 평소에 좋아하던 영화에 잠시나마 몰입하며, 살면서 잊었던 것을 떠올리는 세 번째 순간이었다.

시칠리아 태생으로 미국 마피아 대부인 아버지 돈 비토 코를레오네(말론 브란도 분)가 저격당해 중상을 입은 것에 대한 원수를 갚고 시칠리아로 피신한 마이클은 아폴로니아를 본 순간 첫눈에 반한다. 경호원 두 명과 비텔리 바에서 와인을 한 잔 마시며 주인과 대화를 나누다가 아폴로니아가 그의 딸인 것을 알게 된다. 예의를 갖추어 자신을 소개하고 아폴로니아와 만나게 해 달라고 요청하자 비텔리 바의 주인은 이를 허락한다. 마이클은 아폴로니아와 그녀의 가족을 처음 만나는 자리에서 그녀에게 목걸이를 선물하며 호감을 사려고 애쓴다. 그 후 두 사람은 다시 비텔리 바의 야외 테이블에서 만나는데, 아폴로니아는 선물 받은 목걸이를 만지며 마이클을 향해 처음으로 미소를 건넨다. 앞으로 두 사람의 사랑이 결실을 볼 것을 암시하는 순간이다.

이처럼 「대부」의 촬영장소가 된 덕분에 비텔리 바에는 팬들의 발길이 이어지고 있다. 비텔리 바는 18세기 시칠리아 신고전주의 양식으로 지은 2층 건물인 '팔라조 트리마르키' 1층에 있다. 내부에 들어가면 말론 브랜도의 사진을 비롯해 사보카, 특히 비텔리가 배경이 된 영화 속 장면들이 벽에 걸려 있다. 다양한 기념품을 판매하기도 하는데, 그중에는 비텔리 브랜드의 레몬 리큐르인 리몬첼로와 그라파도 있다.

비텔리 바의 안쪽 마당은 마치 거실처럼 꾸며져 있고 2층으로 오르는 목조계단이 있다. 주인인 듯한 청년은 앞으로 2층에 투숙객을 위한 객실을 마련할 계획이라고 설명한다. 돌계단을 통해 지하로 내려가면 나오는 아담한 공간에는 100여 병의 와인이 보관되어 있어 소규모 저녁식사와 와인 시음이 가능하다고 한다. 원래는

비텔리 바 입구와 영화 속 장면들

일반 방문객에게 공개하지 않는데 우리가 와인에 관심이 많다고 하자 공간을 보여 주었다. 밖으로 나오니 마침 야외에 테이블 하나가 비어 있었다. 날이 더워 그라니타를 주문했다. 그라니타는 이탈리아어로 '얼음을 부수다', '깨다'라는 뜻을 가진 시칠리아에서 유래된 디저트 음료다.

결혼으로 이어진 마이클과 아폴로니아의 사랑은 얼마 되지 않아 비극적인 종말을 맞게 된다. 집요하게 마이클을 추적하던 적대 관계의 마피아 조직원이 마이클을 기다리다 아폴로니아가 혼자 타고 있던 승용차를 폭파해 그녀가 죽게 된다. 비극적으로 끝날 두 사람의 사랑은 영화 속에서 음악으로 암시된 것 같다. 혼례 성사가 끝난 후 포시아 광장에서 하객들에게 둘러싸인 두 사람이 춤을 추기 전에 흰색의 무언가를 숟가락에 담아 하객들에게 나눠주는데, 이때 베르디의 오페라 「라 트라비아타」에 나오는 '축배의 노래'가 흐르기 때문이다. '축배의 노래'는 순수한 시골 청년 알프레도와 파리 사교계의 비올레타가 이중창으로 부르는 곡으로, 청춘의 피가 끓어오르는 동안 삶의 쾌락을 즐기자는 퇴폐적인 내용이어서 결혼식과 전혀 어울리지 않는다. 우여곡절 끝에 알프레도가 비올레타를 찾아가서 용서를 구하며 재결합을 원하지만 병이 깊어진 비올레타는 그에게 자신의 초상화를 주며 좋은 여자와 결혼하라는 유언을 남긴 채 죽음을 맞이하게 된다. 이 비극적인 사랑의 종말인 「라 트라비아타」에 나오는 노래가 대부에 삽입된 이유를 알수 있을 것 같다.

　아폴로니아에 대한 가슴 아픈 사랑의 기억은 평생 마이클을 따라다녔다. 1990년에 개봉한「대부」3편에서 이를 확인할 수 있다. 마이클의 뜻과는 달리 아들 안소니(가수 프랭크 뎀브로시오 분)는 오페라 가수가 되기를 원했다. 마침내 안소니는 꿈을 이루게 되었고, 데뷔를 축하하는 자리에서 아버지 마이클을 위해서 코를레오네 마을의 민요이며 시칠리아 전통음악인 '브루치아 라 테라 Brucia la Terra(대지는 불타오르네)' 를 시칠리아 방언으로 부른다. 이 노래를 들으며 마이클은 혼례 성사 후 포시아 광장에서 아폴로니아와 춤추던 순간을 회상하며 눈물을 흘리며 독백한다.

　"참 멋있고 아름다운 여자였지. 정말 사랑했는데 세상을 뜨고 말았어"

　이탈리아 출신 성우 주세페 리날디가 쓴 가사를 보면 마이클의 눈물이 이해된다.

　"달은 하늘에서 불타고 나는 사랑에 불타고 있네
　내 마음처럼 타오르는 불
　내 영혼은 고통스럽게 운다네
　내 마음이 평화롭지 못한 끔찍한 밤

시간은 흐르지만 여명도 태양도 없다네
그녀가 돌아오지 않는다면
대지가 불타고 있네. 내 가슴도
대지는 물을, 나는 사랑을 갈망하네
누구를 위해 노래를 불러야 하나
발코니에서 모습을 드러내는 사람이 없는데"

「대부」 시리즈에 자주 등장하는 이 곡을 왜 '사랑의 테마'라고 부르는지 이 장면을 통해 알 수 있다. 「대부」의 메인 테마보다 유명한 이 곡은 영화음악으로 유명한 이탈리아의 작곡가 니노 로타의 작품이다. 「대부」 1편과 2편의 음악 감독을 맡은 로타는 1975년에 「대부」 2편으로 아카데미 음악상을 받았다. 미국 가수 앤디 윌리엄스는 사랑의 테마를 더욱 유명하게 만들었다. 니노 로타의 멜로디에 래리 쿠식이 쓴 가사를 붙여 부른 '부드럽게 말해요 내 사랑'은 세계적으로 큰 히트를 쳤다. 하지만 나는 브루치아 라 테라의 사랑의 테마가 훨씬 더 마음에 든다. 이 노래는 얼마 전 가수 김호중이 불렀는데, 유튜브 영상 조회수가 200만을 넘을 만큼 우리나라에서도 사랑을 받고 있다.

당초 시칠리아 여행을 계획할 때는 사보카는 일정에 포함되어 있지 않았다. 다른 곳에서 봐야 할 것이 너무나 많았기 때문이다. 하지만 출발 며칠 전에 사보카를 일정에 포함시켰다. 「대부」의 흔적을 찾지 않는 것은 어쩌면 괴테를 좋아하면서 타오르미나에 가지 않는 것과 같지 않을까 하는 생각에서였다.

짧은 시간 동안의 방문이었지만, 사보카를 방문한 것은 잘한 것 같다. 그것은 사보카의 아름다움 때문이 아니었다. 「대부」를 촬영한 장소인 것 때문도 아니었다. 프루스트가 홍차에 적신 마들렌을 먹으면서 과거를 회상했던 것처럼, 브루치아 라 테라를 가슴 아프게 이해하며 지나간 청춘을 떠올릴 수 있었기 때문이다. 에트나에서 본 자연의 위대함을 어느새 잊고 인생의 덧없음을 느끼면서 다시 아래로 내려가기 시작했다.

PART VI

시칠리아 일주를 마무리하며, 북서부

232	「시네마 천국」의 잊지 못할 장면의 현장, 체팔루
243	「성모영보」, 문명과 인종의 용광로, 팔레르모
258	시대를 앞서간 황제, 프리드리히 2세

「시네마 천국」의 잊지 못할 장면의 현장, 체팔루

오늘은 시칠리아에 온 후 가장 오래 차를 탔다. 이른 아침에 링구아글로싸에서 출발한 후 사보카를 방문한 뒤 메시나 외곽을 돌아 오른쪽에 있는 티레이나해를 보면서 먼 길을 달려왔다. 기나긴 주행 끝에 저 멀리 목적지인 체팔루가 보이는 시 외곽 고지대에 차를 세웠다. 잠시 쉬면서 체팔루의 멋진 경치도 감상하고 남은 일정 동안 마실 간식과 음료수를 구입하기 위해서였다. 슈퍼에서 산 과일은 링구아글로싸의 신선하고 풋풋한 향이 진동하는 체리나 살구에 비할 수가 없다. 그때 좀 많이 사 놓을 것이라는 아쉬움이 든다.

시내로 들어서니 좀처럼 주차할 곳이 보이지 않는다. 같은 길을 몇 번이나 돌았지만, 주차할 자리를 찾을 수 없다. 현지인에게

늦은 오후에 도착한 체팔루 해변

물었더니 해안가 앞에 해수욕장을 이용하는 사람들을 위한 큰 공용 주차장이 있다고 알려주어 겨우 주차했다. 하루 주차료가 10유로 생각보다 비쌌다. 어렵게 주차를 한 뒤 바로 해안가로 향했다. 조금 뒤면 해가 지기 때문이다.

팔레르모에서 당일치기 관광을 위한 최적지인 체팔루는 유네스코 세계문화유산에 등재된 노르만 대성당과 독특한 바위산이 멋진 곳으로, 기원전 396년에 세워졌다는 기록이 있을 만큼 작지만 오래된 도시다. 세계적인 여행 책자인「론리플래닛」'시칠리아(2017년)'의 표지 사진이 체팔루인데는 다 나름의 이유가 있다. 아랍-노르만 성당과 광장, 낭만적인 해안가와 로카산 그리고 고풍스러운 건물 등 다양한 매력 때문에 주세페 토르나토레 감독이 이곳을 「시네마 천국」의 배경으로 선정했을 것이란 생각이 든다. 영화에서는 바다를 향해 있는 하얀 건물 벽면에 스크린을 걸고 배 위에 영사기를 설치해 영화를 상영했던 것 같다. 그러다 갑자기 비가 억수같이 쏟아져 사람들이 이리저리 흩어지는 장면과 주인공 토토가 엘레나와 열정적으로 키스하는 장면이 떠오른다. 이 장면은 영화 포스터로도 사용되었다. 훗날 유명한 감독이 된 토토가 엘레나와 다시 만나 마지막 데이트를 한 곳도 이곳이다.

먼저 해안가를 따라 시내 중심으로 들어갔다. 주변에는 특별한 장식을 하지 않은 3층 건물이나 증축한 4층 건물이 주로 보인다. 타오르미나나 노토 등 관광객이 많이 찾는 도시와 달리 발코니에 꽃을 장식한 집이 많지 않다. 대신 창틀 위에 고정한 긴 천으로 커튼을 대신하고 있는 것이 특이했다. 빨랫감들도 편하게 걸려 있다. 비토리오 에마누엘레 거리 양쪽에는 작은 골목들이 뻗어 있고, 초입에는 식당들이 길가에 좌석을 내놓고 손님을 끌고 있다. 검은 돌로 포장된 거리 바닥은 표면이 닳아 반들반들하다. 아주 오래전부터 포도로 사용되어 온 인상을 받았다. 바로 옆에 과거 체팔루가 성곽으로 둘러싸여 있을 때 있던 네 개의 성문 중 유일하게 남아 있는 '포르타 페스카라'가 보인다. 첨두아치 형식으로 되어 있는 것을 보니 이슬람 시절에 세워졌을 것 같은 생각이 든다. 해안 안쪽에 오래된 석조건축물이 있어 가보니 안내판에 '라바토리오 메디발레(Lavatolio Medievale)' 즉, 중세 빨래터라고 쓰여 있다. 몇

체팔루 시내의 좁은 길

라바토리오 메디발레

십 년 전까지도 주민들이 이용하였는데, 지금은 이끼 낀 석조 빨래판 아래로 물이 흐르고 있다. 중세 때 「데카메론」을 쓴 보카치오는 「세계의 산과 강」이라는 책에서 '이곳은 은보다 더 깨끗하고, 눈보다 더 차가우며 다른 어느 강보다 건강한 체팔리노(Cefalino)가 흐른다'라고 썼다. 지금도 뒤편 로카산에서 흘러 내려오는 차가운 물이 이곳을 거쳐 바다로 흘러간다. 여인들이 함께 빨래하면서 수다도 떨며 한바탕 웃는 소리가 들리는 것 같다.

도로 끝에서 왼쪽으로 방향을 트니 그다지 길지 않은 방파제와 작은 목선들이 모래사장 위에 널브러져 있다. 아직은 밝아서 그런지 해안가에 다닥다닥 붙어있는 집들이 낭만적이기보다는 어수선해서 다소 실망감이 들며 안타까웠다. '자세히 보아야 예쁘다. 오래 보아야 사랑스럽다'라는 시 구절도 있지만, 찰리 채플린이 '인생은 가까이서 보면 비극이지만 멀리서 보면 희극이다'라고 말한 것처럼 어떤 것들은 멀리서 봐야 좋을 때가 있다.

바다로 길게 이어진 방파제 앞에 벤치 4개가 있는데 영화에서처럼 앉아 보려고 보니 벌써 연인들이 다 차지하고 있다. 좀처럼 일어날 것 같지 않아 보여 포기했다. 저녁 식사 시간이 가까워져서 식사할 장소를 찾아 나선다. 여행 책자에서 소개한 몇 곳의 식당을 거친 후, 비교적 한적한 리스카라는 식당에 들어가 기다린 끝에 바다를 향해 튀어나온 발코니에 자리를 잡았다. 탁 트인 바다를 보면서 우아하게 식사할 수 있을 것 같다. 오래 기다린 보람이 있다.

해가 진 바다 저 멀리 불그스름한 빛이 아직 조금 남아 있는 가운데 하늘은 코발트빛을 띠고 있다. 옆 식당은 한술 더 떠서 바다 위로 패션쇼 무대 같은 것을 설치해 손님들이 바다 가운데에서 식사할 수 있도록 하고 있다. 아무리 관광지라 해도 인위적으로 구조물을 설치하여 멋진 경관을 훼손하는 것을 보면서 안타까운 마음이 들었다.

잘게 썬 문어 샐러드, 새우와 작은 조개가 든 해산물 샐러드, 그리고 넓적한 페투치네 파스타가 나왔다. 우선 1923년부터 맥주를 만들어 온 노란 라벨로 유명한 메시나 맥주와 150년 양조 역사를 자랑하는 모레티 맥주를 주문했다. 모레티 맥주는 서울에서도 가

해가 완전히 진 체팔루의 바다와 하늘

끔 접할 수 있지만 현지에서 마시는 깊고 쌉쌀할 맛이 이 밤을 오래 기억하게 한다.

　식사를 마치고 체팔루의 중심이라고 할 수 있는 두오모 광장으로 향한다. 엄청나게 밝은 스포트라이트 속 대성당은 낮에 보는 것과는 또 다른 느낌을 들게 한다. 특히 뒤쪽의 암석은 괴이한 멋들어짐으로 대성당을 한층 더 부각하는 효과가 있다. 2015년에 유네스코 세계문화유산으로 등재된 이 대성당은 1063년에 노르만이 이곳을 점령한 후 첫 시칠리아 왕이 된 루제로 2세의 명에 따라 1131년부터 짓기 시작해 1471년에 완공되었다. 체팔루 대성당은 같은 양식으로 지어진 팔레르모나 몬레알레의 대성당보다 먼저 지어졌다. 피라미드형 종탑은 마치 아랍 성채를 연상시키지만 노르만 건축양식이다. 실내는 상당히 단순한데 로마네스크 양식의 바실리카와 16개의 기둥 그리고 아랍풍의 아치가 유명하다. 아랍-노르만-비잔틴 예술 재능이 하나로 뭉쳐진 기념비적 건축물이라고 할 수 있다.

대성당 바로 뒤에 있는 바위산의 위용이 대단하다. 로카산은 해발 270m지만 꽤 높아 보인다. 건강한 사람이 걸어 올라갔다 오는 데 약 1시간이 소요된다. 올라가는 입구는 피아차 가리발디 부근에 있다. 정상으로 올라가면 아르테미스(다이애나) 신전 터와 12세기에 세워진 노르만 성채 유적도 볼 수 있다. 날씨 좋은 날 오전 여기서 보는 체팔루 전망은 최고라고 한다. 밤이 깊어져 가는 두오모 광장에서 음악이 들려 가보니 두 사람으로 이루어진 밴드가 연주하고 있고, 관광객들은 계단에 삼삼오오 앉아서 감상하고 있다. 흥에 겨운 관광객들이 앞으로 나와 춤을 춘다. 유럽에서는 가끔 이런 광경을 보게 되는데 그때마다 그들과 함께하고 싶은 마음이 굴뚝같다. 앞에는 거대한 성채 같은 대성당 그리고 키 큰 야자수와 거대한 돌산이 조명을 받아서 환상적이다.

다시 코르소 루제로 거리로 걷는다. 앞 건물이 체팔루 시청사인데 현관문이 열려 있어 들어가 보니 로비를 빙 둘러싸고 각양각색의 컬러와 포맷으로 콜라보레이션한 여인의 얼굴로 가득하다. 아! 팔레르모에 가면 꼭 만나보려고 하는 안토넬로 다 메시나의

체팔루에서 우연히 만난 다양한 디자인과 컬러의 성모영보

「성모영보」이다. 정말 감동적인 순간이었다. 이렇게 우연히 성모님을 미리 볼 수 있을 줄이야. 얼마간 자리를 뜨지 못하고 보고 또 보았다. 곧 팔레르모에서 뵙겠다는 인사를 하고 나왔다.

시청 뒤 건물은 메시나가 그린 또 하나의 걸작인 「신원미상의 초상화」를 볼 수 있는 '만드랄리스카' 박물관이다. 박물관에는 만드랄리스카 후작이 정성을 다해 수집한 고대 유물 외에 각종 공예와 중세에 시칠리아를 무대로 작품 활동을 한 미술가들의 유명한 작품을 전시하고 있다.

이제 밤이 꽤 깊었다. 다들 집이나 숙소로 가기 위해 종종걸음으로 서두른다. 예약한 숙소는 지도상으로는 로카산 너머에 있지만 돌아가야 해서 시간이 좀 걸릴 것 같다. 오늘 머물 곳은 '칼루라 스포츠 호텔'인데 독일 관광객이 주로 이용하는 곳이다. 조금 오래된 호텔이지만 대부분의 객실이 바다 전망이고 아담한 전용 해변을 가지고 있으며 야외수영장도 있다. 내비게이션이 안내하는 대로 SS113번 도로를 탔는데, 아무래도 호텔로 가는 도로의 출구를 놓친 것 같다. 왼쪽이 바닷가인 관계로 유턴할 곳도 마땅치 않고 밖은 칠흑같이 어두워 참으로 난감하였다. 어렵게 호텔에 도착하여 체크인을 하려니 벌써 자정에 가까웠다. 그래도 이곳은 24시간 체크인이 가능한 곳이라 다행이다. 짐을 옮기고 방에 들어가니 새벽 한 시, 이번 여행에서 가장 길고 힘든 하루였다. 시칠리아에 도착한 이후 쌓였던 피곤이 갑자기 한꺼번에 밀려들어 바로 쓰러져 잠들었다.

새벽녘, 눈이 저절로 떠졌다. 커튼 사이로 희미한 빛이 들어온다. 몇 시간 못 자 정신이 몽롱하지만 일출을 보려면 일어나야 한다. 조용히 문을 열고 테라스로 나가니 정말 진공 같은 적막과 고요 속에 온 바다가 거울처럼 잔잔하다. 작은 배 한 척 보이지 않는다. 아직 해는 뜨지 않았지만 저 멀리 구름이 해를 품고 있는 듯 불그스름하다. 조금씩 붉어지는 바다와 맞닿은 하늘을 보자니 갑자기 눈물이 난다. 그동안 살아온 날들의 기쁨과 슬픔, 꿈과 희망 그리고 좌절과 기대 등 교차하는 상념에 젖어 있는 사이 구름을 뚫고 해가 뜬다. 뭐라고 형언할 수 없는 신비로움이 가슴에 가득히 차기 시작한다. 우리가 자연에서 보게 되는 아름다움보다 더 경이로운 게 있을까?

호텔 발코니에서 맞이한 일출

 아침 식사를 하기 전 호텔 주위를 돌아본다. 곳곳에 크고 작은 나무, 특히 이국적인 야자수와 큰 키의 소철 그리고 타오르미나에서 보았던 화려한 꽃이 폭포처럼 핀 부겐빌레아, 각양각색의 장미꽃을 비롯하여 노란색, 분홍색, 하얀색 꽃들이 마음을 가볍게 한다. 갑자기 바다에 들어가 보고 싶어진다. 체크아웃할 때까지 약간의 시간이 남아 급하게 수영복으로 갈아입고 돌계단을 내려가 티레니아 바다에 몸을 담근다. 오전이라 물이 꽤 차가웠고 돌바닥이라서 불편하지만, 이곳 시칠리아를 떠나기 전 이별의 의미로 잠시나마 지중해 물속을 즐긴다. 옆을 보니 작은 바위에서 다이빙하는 아이들이 보인다. 역시 아이들은 아이들이다. 시칠리아에 와서 잠깐이지만 두 번이나 지중해에 들어가 본 것에 만족하며 이번 여행의 출발지이자 종착지인 팔레르모를 향해 출발한다. 고속도로로 접어든 지 얼마 지나지 않아 저 멀리 '산 칼로제로'산의 높은 봉우리들이 보인다.

티레니아해

멀리 보이는 체팔루를 떠나며

「성모영보」, 문명과 인종의 용광로, 팔레르모

　　　　　　　　드디어 시칠리아를 한 바퀴 돌고 팔레르모로 돌아왔다. 팔레르모라는 지명은 고대 페니키아인이 이곳을 항구라는 의미의 파노로모스라고 부른 데에서 비롯되었다. 팔레르모는 페니키아인의 후예인 카르타고인이 북아프리카를 거점으로 이베리아반도와 지중해로 세력을 확장하는 과정에서 카르타고의 지배에 들어갔다. 그러다 제3차 포에니전쟁 결과 카르타고가 멸망한 이후에는 로마제국을 비롯한 여러 세력의 지배를 거쳐, 아랍인이 902년에 이곳을 에미리트의 수도로 정한 후 노르만 시대를 거쳐 지금까지 이어오고 있다. 아랍 지배 시절 팔레르모는 코르도바와 카이로에 버금가는 아랍권 대표 도시로서 번영을 누렸다.

　　시내 교통상황은 정말 심각하고 주차난도 이루 말할 수 없을 정도다. 언제 어디서 차가 튀어나올지 모르기 때문에 시내 운전은 잠시도 신경을 놓을 수 없다. 마음 졸여가며 운전한 끝에 예약한 숙소인 호텔 베키오 보르고에 도착하였다. 체크인하려고 하니 나이가 좀 든 지배인이 심상치 않은 표정으로 부득이한 사정이 생겨 인근 다른 호텔로 예약해 놓았다며 양해를 구한다. 참으로 황당한 일이지만 어쩔 수 없이 어렵게 주차한 차를 끌고 그 호텔로 향한다. 앗, 그런데 호텔 이름이 가리발디다. 이번 여행에서 주세페 가리발디와 인연이 많다. 호텔 이름은 바로 앞에 있는 웅장한 건물에서 따 온 것 같다. 마시모 극장에 이어 시칠리아에서 두 번째로 큰 '폴리테아마 가리발디' 극장이다. 19세기 네오클래식 양식으로 지어진 극장은 말발굽 형태로 생겼다. 아치형 파사드는 파리의 개선문을 닮았는데 상판의 역동적인 조각상이 눈길을 끈다. 마시모 극장이 오픈하지 않을 때면 시민들은 이곳으로 몰려든다고 한다.

정문 앞에 있는 대리석 동상이 있어 가리발디인가 해서 명판을 들여다보니 '루제로 세티모'라고 써 있다. 구글로 찾아보니 그도 가리발디와 마찬가지로 이탈리아 독립운동의 영웅이다. 그래서 이곳 광장의 이름은 그의 이름을 땄다. 드디어 마지막 밤을 보낼 숙소에 체크인하고 더위에 지쳐 잠시 쉬었다가 시내로 나가보기로 했다.

오후 2시가 넘어 호텔을 나서니 한여름처럼 무덥다. 세티모 광장 앞에는 화사한 자카란다 몇 그루가 당당하게 서 있다. 호텔에서 가장 가까운 곳에 있는 마시모 극장부터 찾아 나섰다. 세티모 대로

폴리테이아 가리발디 광장과 극장

루제로 세티모 흉상

양쪽에는 대학, 은행 그리고 트루사르디 부티크 등 고급 의류, 화장품, 명품 가방 상점들이 있다. 몇 블록을 지나니 베르디 광장에 영화 「대부」 3편의 마지막 장면 촬영지로도 유명한 마시모 극장이 당당하게 서 있다. 최대 관객 3천 명을 수용할 수 있는 7층 객석으로 설계된 극장은 이탈리아에서는 가장 크고, 유럽에서도 세 번째로 큰 오페라 극장이다. 시의회는 통일 직후인 1864년에 초대 왕인 비토리오 에마누엘레 2세에게 극장을 헌정하기로 하고 원대한 건립 계획을 발표했다. 그런데 왜 팔레르모 시의회, 즉 시민들은 비토리오 에마누엘레 2세에게 헌정하려고 했을까?

팔레르모는 19세기 중반 이탈리아 통일전쟁에서 한 획을 그은 팔레르모 전투가 벌어졌던 곳이다. 앞서 소개했듯이 가리발디는 1860년에 마르살라에 상륙한 뒤 몇몇 전투에서 연전연승한 뒤 팔레르모로 진격하여 양시칠리아 왕국의 정규군을 무찔렀다. 당시 시민들은 가리발디를 열렬하게 반기고, 이들과 함께 팔레르모에서 부르봉 왕가의 군대를 몰아냈다. 따라서 이탈리아 통일에 기여했다고 자부하는 팔레르모 의회가 주민의 뜻을 모아 비토리오 에마누엘레 2세에게 극장을 지어 바치기로 한 것이다. 이런 취지를 살려 이곳 출신의 유명한 건축가인 '지오반 바티스타 필리포 바실레'가 설계를 맡았다. 바실레는 설계 구상을 하면서 아그리젠토 등 고대 유적에서 모티브를 찾았다고 한다. 이는 고대 그리스 신전 양식의 현관을 자세히 보면 알 수 있다. 아쉽게도 그는 극장 완

마시모 극장

성을 보지 못하고 죽었고, 그의 아들인 에르네스토에 의해 완성돼 1897년에 화려하게 개관했다. 1874년에 첫 삽을 뜬 후 무려 23년 만이다. 건물은 건축사적으로 볼 때 여러 최신 공법을 적용하였는데, 예를 들면 처음으로 증기로 가동하는 타워크레인을 설치하여 사용했다고 한다.

개막공연 작품은 베르디의 오페라「팔스타프」였다. 그러나 비토리오 에마누엘레 2세는 이미 세상을 떠나고 아들 움베르토 1세가 왕위를 이어받은 뒤였다. 그는 팔레르모를 방문했지만 마시모 극장에는 한 번도 방문하지 않았다. 원래 부친에게 헌정된 극장이라서 그랬는지는 모르겠으나 선의와 충성심이 무시당한 시민들이 크게 실망했다고 한다. 그러나 당시 상황은 움베르토 1세가 에티오피아에서 벌인 식민지 전쟁에서 패배해 정치적 입지가 크게 위축되어 있던 상황이었으니, 그럴 수도 있겠다는 생각이 든다.

극장을 외부에서 봐서는 규모가 얼마나 큰지 가늠할 수 없다. 그래서 내부도 둘러볼 수 있고 자세한 설명도 들을 수 있는 가이드 투어에 참여하였다. 카랑카랑한 이탈리아어로 설명하는 젊은 여성 가이드를 따라 로비에서 극장의 역사 등 현황에 대해서 설명을 들은 후 3층으로 올라갔다. 밑을 내려다보니 대단한 규모다. 여건이 되어 마시모 극장에서 공연을 감상할 수 있다면 가장 좋겠지만 그렇지 못하면 가이드 투어도 나름대로 의미가 있으니 시간을 내 한번 쯤 참여해 보면 좋을 듯하다. 천장 돔 규모도 훌륭했지만 특히, 천장화가 압권이었다.

마시모 극장의 화려한 내부와 천장

마시모 극장은 저녁에 시원해지면 다시 오기로 하고 중심 도로인 마퀘다 대로를 따라 남동쪽으로 내려갔다. 정면 사방에 우아한 르네상스식 건물이 서 있는 콰트로 칸티에 이르렀다. 마퀘다 대로와 비토리오 에마누엘레 대로가 교차하는 이곳은 원형 로터리로 네 면을 돌아가면서 형태가 같은 3층짜리 건물이 있다.

바로 뒤편은 프레토리아 광장이다. 지금은 원도심으로 다소 쇠락해 보이지만, 그때만 하더라도 시의회와 관공서가 있는 정치, 행정의 중심지였다. 하얀 대리석 조각상들이 서 있는 분수대가 보인다. 올림포스산에 살았다는 열두 신을 모티브로 한 48개의 석상이 세워져 있는 분수다. 평상시에는 물을 뿜지는 않는다고 한다.

이 분수대와 관련한 배경을 살펴보면 재미있다. 당시에는 스페인 통치를 받고 있어 스페인에서 파견한 총독이 다스렸다. 분수대는 한 스페인 귀족이 당시 유명한 조각가인 '프란체스코 카밀리아니'에게 의뢰해 제작한 것인데, 빚에 쪼들리자 분수대를 꽤 높은 가격에 시청에 매각했다고 한다. 왜 이런 일이 일어났을까? 역사가들은 외세 통치의 부패정치 때문이었을 것으로 추정한다. 그 귀족은 오랫동안 시칠리아 총독을 역임한 '가르시아 드 톨레도'의 형이었다. 그는 동생의 권세를 등에 업고 사기행각을 벌인 것이다. 나중에 이를 알게 된 시민들은 이 분수대를 '치욕의 분수대'라고 부르기 시작했다. 부패를 상징하는 분수대라는 것이다. 다른 해석도 있다. 광장과 맞닿아 있는 카타리나 수녀원의 수녀들이 나체조각상을 보는 것을 창피하게 여겨 '수치의 분수대'라는 별명을 얻었

프로토리아 광장

여러 이야기가 얽힌 대리석 석상과 분수대

다고 한다. 하지만 이 분수대는 역사의 현장이기도 하다. 가리발디가 이 분수대 앞에서 독립운동 참여를 촉구하는 연설을 했다.

프레토리아 광장 부근에서 또 다른 명소는 카타리나 성녀 교회이다. 약 30년간의 공사 끝에 16세기 말 완공된 교회의 외양은 무척 단순하다. 규모도 몬레알레나 팔레르모의 대성당에 비하면 매우 작다. 그래서 그런지 두오모가 아니라 치에사(교회)다. 그렇지만 교회 내부는 시칠리안 바로크, 로코코, 르네상스 양식으로 화려하게 장식되어 있다. 바닥, 사방의 벽 그리고 천정까지 화려함 그 자체이다. 중세 성당은 '천국의 재현'이라고 했다. 갖은 죄악으로 물든 속세에서 교회 안으로 들어서는 순간 천국을 만나게 된다는 것이다. 몬레알레 대성당과는 또 다른 느낌을 받는다. 보통 천장의 프레스코화는 어디서든 볼 수 있다. 그러나 형형색색의 대리석 조각을 이용한 모자이크화나 석상은 예외다. 이중에서도 꼭 자세히 봐야 할 것이 카타리나 성녀상이다. 금빛 머리칼에 황금빛 띠와 무늬로 마감한 화려한 제의를 입고 커다란 새의 깃털을 들고 있는 이 대리석상은 정말이지 신비롭기 그지없다.

이어서 팔레르모에 가면 꼭 가보려고 했던 시칠리아 지방미술관 아바텔리스궁을 찾아 나섰다. 지도상으로는 북쪽, 그러니까 항구 쪽에 있어 그쪽으로 갔는데 찾기 쉽지 않다. 주변 상점 주인한테 물어봐도 소통의 문제인지 잘 모른다고 한다. 폐관까지 한 시간밖에 남지 않아서 어쩔 수 없어 택시를 탔다. 가까울 줄 알았는데 생각보다 멀다. 한적한 골목 안, 멋진 정문이 있는 고딕식 건물 앞에서 내렸다 그런데 이곳이 미술관이라는 작은 안내판 하나 없다. 참으로 오랫동안 기다려서 어렵게 찾아왔다. 미술관은 15세기 말 건립되어 중간에 베네딕트 수도원과 시정부 청사로 사용되다가 제2차 세계대전 당시 폭격으로 상당 부분 파괴된 것을 전면 보수하여 미술관으로 개관했다. 2층 건물에 19개 전시실과 회랑 그리고 중정을 갖추고 있다.

  1층 라우라나 전시실에서는 5년간 시칠리아에 머물면서 작품 활동을 한 조각가 '프란체스코 라우라나'가 제작한 유명한 상반신 조각상인 「아라곤의 엘레오노라」를 볼 수 있고 옆 전시실에서는 작가 미상의 대작 「죽음의 승리」를 만났다. 죽음의 사신이 뼈만 남은 말을 타고 심판의 칼을 휘두르고 있는데 어떻게 보면 초현실주의 작품을 보고 있는 듯한 느낌이 든다. 오른쪽 하단에 공포에 질려있는 귀부인들의 모습 또한 인상적이었다.

작가 미상의 대작, 「죽음의 승리」중 일부

시칠리아 지방 미술관에 전시된 중세 종교화의 일부

 2층에는 중세 종교화, 특히 성모자상이 여러 점 전시되어 있다. 특히, 이곳 출신으로 15세기에 활동했던 '토마소 데 비길리아'의 작품 속 아나스타시아, 아가타, 루시아 그리고 아폴로니아 성녀의 얼굴은 차분하고 엄숙하다.

 드디어 이곳 출신의 대화가 안토넬로 다 메시나의 대표작이라 할 수 있는 「성모영보(수태고지)」를 만났다. 「신화의 섬 시칠리아」를 쓴 박제의 세세하면서도 격조 있는 설명에 의하면 이곳의 성모 마리아는 그 어디에서도 볼 수 없는 독특한 것이라고 했다. 그림은 가로 34.5cm, 세로 45cm로 A3와 비슷한 크기로 홀 가운데에 백보드를 설치하여 전시하고 있었다. 오른쪽으로 시선을 돌린 성모님의 눈이 신비하게 다가온다. 얼굴 그림자를 볼 때의 빛은 마치 천사가 왼쪽에서 들어오는 것 같다. 갑작스러운 천사의 출현과 성모영보에 놀라기보다는, 이를 운명으로 받아들이려고 하는 것을 눈으로 이야기하고 있는 것 같았다. 그리고 오른손 모양은 상대방의 발언을 제지하려는 제스처로도 보인다. 그뿐만 아니라 우리가 흔

안토넬로 다 메시나의 대표작,「성모영보」

히 보아 왔던 성모영보와는 다르게 천사나 비둘기 등이 보이지 않고 이국적으로 짙은 감청색 두건을 쓴 성모 마리아의 상반신과 독서대 그리고 책뿐이다. 성모 마리아의 눈길이 지금도 생생하다.

짧은 관람에 대한 아쉬움을 억지로 뒤로하고 나와 안내실에서 택시 호출을 부탁하였는데 의사소통이 잘못되었는지 아무리 기다려도 차가 오지 않았다. 일단 나가서 인근 가게에 들어가 택시를 불러달라고 부탁했다. 택시를 기다리면서 보니 바로 앞이 성당이다. 17세기에 지어진 '산타 마리아 델라 피에타 성당'으로, 입구가 있는 전면의 상하좌우에 코린트식 열주가 3개씩 웅장하게 서 있는 바로크 양식이다. 때마침 결혼식 하객으로 온 정장을 입은 사람들이 계단에 모여 즐겁게 대화하고 아이들이 뛰어노는 모습을 물끄러미 보면서 영화 「대부」의 결혼식 장면이 떠올랐다. 아직도 가족에 대한 전통과 풍습을 중시하고 지켜나가려는 시칠리아인들의 가족애를 읽을 수 있었다.

팔레르모 대성당은 몬레알레 대성당과 거의 같은 시기에 세워졌다. 연구자들은 몬레알레 교구와 팔레르모 교구 간 경쟁의 산물이 몬레알레와 팔레르모의 대성당이라고 말한다. 팔레르모 교구가 큰 성당을 짓는다는 소식에 몬레알레 교구가 그보다 앞서 대성당을 축성하기 시작했다는 것이다. 교황이 임명한 대주교가 두오모를 짓는다는 소식에 새로 왕위에 오른 굴리엘모 2세가 자신의 신앙심을 과시하기 위해 몬레알레 대성당을 축성했을지도 모르는 일이다. 역시 경쟁은 위대한 유산을 낳는다. 어찌 되었든 팔레르모 주변에는 훗날 유네스코 세계문화유산에 등록되는 두 개의 대성당이 거의 동시에 만들어졌다. 여행 초반에 들렀던 몬레알레 대성당과 달리 팔레르모 대성당의 내부는 절제된 화려함을 보인다. 예수의 모자이크화와 천장화, 제단 장식 등을 제외하면 사각의 대리석 기둥으로 단순미를 추구했다. 이런 단순함에서 오는 장엄한 아름다움으로 본다면 팔레르모가 더 뛰어나다고 할 수 있다. 모자이크화로는 13세기에 그려진 성모 마리아와 아기 예수 그림이 유명하다.

팔레르모 대성당은 로마시대 성당이었던 곳에 아랍인이 세운 모스크를 다시 성당으로 개조한 것이다. 하지만 모스크의 모습을 완전히 지우려고 하지 않았다. 성당 입구 남쪽 기둥에 남아 있는 코란의 한 구절은 노르만인의 개방성을 잘 보여 준다. 이 기둥은 로마시대 때부터 대성당의 역사와 함께하였다고 한다. 대성당은 이후 몇 차례 중개축을 거쳐 고딕, 르네상스 양식 등 건축양식의 변화를 거쳤다. 오늘날과 같은 모습을 갖추게 된 것은 건축가 '페르디난도 푸가'가 1781년부터 20년에 걸쳐 대대적인 보수작업을 한 이후라고 한다. 이 대성당의 특징은 성당의 주 출입구가 서쪽이 아니라 남쪽에 있다는 점이다. 원래는 서쪽 문이 주 출입구였으나 1426~1465년 사이 남쪽 출입구와 현관이 완성된 후 이곳이 주 출입구가 됐다고 한다. 관람 포인트가 바로 이곳이다. 도메니코와 안토넬로 가니가 디자인했다고 전해지는 포탈 즉, 현관은 초기 르네상스 미술의 아름다움을 잘 보여 준다.

시대를 앞서간 황제, 프리드리히 2세

　　　　　　대성당에는 신성로마제국의 황제이자 시칠리아 왕이었던 프리드리히 2세의 석관이 안치되어 있다. 그는 세 살 때 신성로마제국 황제이던 아버지를 잃고 4살 때는 어머니까지 여의었다. 그의 출생과 관련된 일화가 있다. 왕비는 결혼한 지 9년 만에 당시로는 적지 않은 나이인 39세에 임신했는데, 늦은 나이에 아이를 가지자 일부에서 헛소문이 나돌았다. 왕비가 도축사의 아들을 데려다 자기 아들처럼 위장하려 한다는 것이었다. 이에 왕비는 중부 소도시 앙코나에 소재한 레시라는 광장에 커다란 텐트를 치고 여인들을 불러 공개적으로 아이를 낳았다. 현명한 왕비는 거짓 뉴스에 적극적으로 대응하기 위해 공개 출산이라는 이벤트로 승부를 걸었던 것이다.

　부모의 죽음 후 신성로마제국 황제 자리를 놓고 독일에서 공방이 벌어지는 동안 시칠리아에 남아 있던 어린 프리드리히는 보살핌을 구실로 한 교황과 귀족들의 감시 속에서 자랐다. 하지만 이런 불우한 어린 시절의 경험은 그를 강한 군주로 키웠다. 다른 유럽의 왕위 계승자와 달리 그는 통제받는 궁정 생활을 하는 대신 거리에서 노는 아랍인, 유대인, 그리스인 아이들과 어울리면서 자연스럽게 이들의 문화와 관습을 익혔다. 그래서 그는 6개 언어를 자유롭게 구사했고 제6차 십자군전쟁에 참가했을 때는 이집트의 술탄인 알 카밀과 회동하며 통역 없이 아랍어로 협상했다고 한다. 이 협상을 통해 그는 예루살렘을 피 한 방울 흘리지 않고 회복했다. 쌍방 모두 희생 없이 거둔 승리였지만 교황은 프리드리히 2세가 성전에 적극적으로 임하지 않았고 술탄과 협상했다는 이유를 들어 그를 비난했다. 물론 이는 당시 교황과 황제 사이의 주도권 다툼에서 비롯된 것이기는 해도 십자군 전쟁의 목적이 성지 회복인지 가톨릭 신자들을 사지로 몰아 피를 흘리게 한 것인지 헷갈리게 하는 대목이다.

프리드리히 2세는 당대 가장 뛰어난 군주였다. 중앙집권적 관료제를 본격적으로 도입하였으며 시칠리아 법전을 만들어 '법에 의한 통치'라는 노르만 전통을 충실하게 따랐다. 근대적 국가로 한 걸음 더 나아간 것이다. 그는 호기심이 많은 인문주의자였다. 아랍으로부터 수학, 천문학, 지리학 등의 분야의 앞선 지식을 받아들이는 데 주저하지 않았다. 그는 팔레르모 궁 안에 연구소도 설립했다. 그뿐만 아니라 훗날 이탈리아어의 모태가 되는 토스카나 방언을 사용하는 나폴리 대학을 설립하기도 했다. 나폴리 대학은 당시 세계 최고의 국립대학이었으며, 신곡을 쓴 단테가 이탈리아어를 대중화시키기 훨씬 이전에 이탈리아어를 공용어로 사용하도록 했다. 역사가들은 그를 중세 최초의 계몽 군주, 르네상스의 선도자라고 일컫는다. 하지만 오늘날 팔레르모에서 그의 흔적을 찾기는 쉽지 않다. 오로지 팔레르모 대성당에 안치된 그의 관을 통해서 확인할 수 있다. 그가 사망한 곳은 본토의 파르마인데 후에 그가 자라고 애착을 가졌던 시칠리아로 옮겨져 이곳 대성당에서 영면하고 있다. 그는 평소에 자신이 죽으면 시토회 사제복을 입혀 관에 묻어 달라고 했다. 그래서 평생 교황과 갈등을 벌여 왔지만 그의 신앙심은 의심받지 않았다고 한다. 그러나 근래에 석관을 열었을 때 그는 아랍식 수의를 입고 있었다. 그것만 보더라도 그는 진정 위대한 코스모폴리탄 군주였다.

프리드리히 2세의 또 다른 유산을 보려면 카타니아로 가야 한다. 이곳에는 그가 1239년 축성해 1250년에 완공한 우르시노성이 있다. 성은 4개의 원형 탑을 꼭지점으로 하여 정사각형으로 설계됐다. 기하학적 요소가 돋보인다. 그러나 무엇보다 기하학과 천문학에 조예가 깊었던 그의 천재성은 카스텔 델 몬테성에서 빛을 발한다. 이 성은 이탈리아반도 남동부 아풀리아주 안드리아에 있다. 정팔각형을 모티브로 해 8개의 정팔각형 탑이 각 꼭짓점에 세워져 있는데 컴퓨터 그래픽으로 설계해 만든 듯한 신비로움을 느낄 수 있다고 한다. 성은 움베르토의 소설「장미의 이름」을 원작으로 제작한 영화에서 도서관으로 나온다. 그의 출생 800년을 계기로 슈타우펜 가문의 고향인 남서독일 지역에서 작지만 똑같이 생긴 팔각형 기둥을 제작해 유럽 내 그와 관련된 장소에 보내 그의 업적과 세계성을 기리는 중이다. 몬테성의 용도에 대해서는 학자들 사이에 논란이 많다. 성이 그다지 크지 않아 사냥을 위한 임시 행궁으로 사용하기 위해 만들었다는 설이 있는데 실제로 황제는 이 성에서 많은 연회를 열었다고 한다. 또 다른 흥미로운 해석 중 하나는 그가 성을 거대한 해시계로 보고 디자인했다는 것이다. 천문학에도 관심이 많았으니 설득력이 전혀 없는 것은 아니다. 당연히 유네스코 세계문화유산이다.

    날도 덥고 지쳐서 호텔로 들어가 샤워하고 잠시 쉬었다가 시칠리아에서의 마지막 저녁 식사를 하러 나갔다. 해가 지고 나자 조금은 시원해졌다. 원래 계획은 마시모 극장 내 카페 델 테아트로에서 우아하게 식사하려고 했는데, 하필 결혼식 피로연이 예약되어 있어 부득이하게 인근 골목에 있는 식당에서 간단하게 저녁을 먹었다. 퇴근 시간이 지나서인지 길거리에는 사람이 부쩍 많아졌다. 빵집에 들어가 그동안 제대로 맛보지 못한 카놀리와 다양한 재료가 들어간 아란치네 등을 사서 거리에 놓인 스탠드 테이블에 서서 사람들을 구경하면서 맛본다. 언제 다시 이곳에서 여유로운 저녁을 즐길 수 있을까. 이제 숙소로 돌아가야 할 때이다.

에필로그

 「그리스인 조르바」를 쓴 니코스 카잔차키스는 「영혼의 자서전」에서 '내 삶을 풍부하게 해 준 것은 여행과 꿈이었다'라고 썼다. 또 「스페인기행」에서는 '여행을 기록한다는 것은 오만한 자아를 인간이라는 고통받는 편력 군대 속으로 던져 담금질하여 부드럽게 만드는 것'이라고 하였다.
 공직 생활을 시작한 이후 반복되는 업무와 단조로운 일상은 점점 나를 메마르게 하고 지치게 했다. 그러다 우연히 접하게 된 낭만주의 음악가 칼 마리아 폰 베버의 「무도회에의 권유」의 유쾌하면서도 우아한 멜로디는 나로 하여금 '아름다움'이라는 새로운 세상이 있다는 것을 깨우치게 했다. 그것을 계기로 클래식에 대한 관심이 시작되었으며 이는 바로 이국에 대한 동경으로 이어졌다. 이후 비록 출장이었지만 처음 해외로 나갔을 때 여행이 얼마나 인생을 풍요롭게 해 주는지 알게 되었다. 그때 이른 새벽 비행기에서 내려다본 하와이의 모습과 잔잔한 에메랄드빛 바다에 대한 강렬한 인상과 충격은 이후 독일에서의 연수와 근무로 이어졌다. 그때부터 여유가 되는 대로 찾았던 미술관, 박물관, 음악회, 공연장 등은 정치, 문화, 예술에 대한 끊임없는 공부와 배움으로 이어지는 큰 자양분이 되었다. 이번 여행도 단순히 이색적인 곳을 다녀왔다는 이력이 아니라 오로지 시칠리아이기 때문에 가능한 독특한 역사, 문화와 예술을 접할 수 있었다.

시칠리아 여행은 본문에서 이니셜 J로 표기한, 오랜 친구이자 형제 같은 박찬준 대표가 아니었다면 불가능했을 것이다. 아시아 와인 트로피 감독을 맡고 있는 박 대표는 여행의 실마리를 제공해 주었을 뿐만 아니라, 1,500km가 넘는 여정을 안전하게 마칠 수 있도록 애써 주었다. 이 자리를 빌려 진심으로 감사의 말을 전하고자 한다. 늘 여유 없이 살아온 사람을 이해하고 마음으로 성원해 온 아내 김지은과 혜조, 제희에게 사랑한다는 말을 전한다. 부끄러운 내용을 책이 될 수 있도록 따뜻한 관심과 배려를 아끼지 않은 슬기북스 문상건 대표께 감사드리며….

챠우 시칠리아(Ciau Sicilia)!

부록

266	시칠리아와 오디세이
271	격동의 시칠리아 역사
284	참고 도서

시칠리아와 오디세이

시칠리아는 그리스인들이 들어와 아크로폴리스에 신전을 세우면서 시작하였기 때문에 신화를 떠나서 생각할 수 없다. 아그리젠토 신전의 계곡은 한마디로 신화의 보고라고도 할 수 있다. 박제의 시칠리아 여행기의 제목「신화의 땅 시칠리아」는 그냥 나온 것이 아니다. 여러 신화 중에서도 시칠리아와 관련해 가장 유명한 것은 트로이 전쟁의 영웅인 오디세우스의 방랑과 관련된 것이다. 따라서 오디세우스가 트로이를 떠나 10년간 갖은 고초를 겪은 후 고향인 이타카로 돌아가는 여정은 고대 그리스로부터 현대에 이르기까지 많은 연구와 논의의 대상이 되었다. 그렇지만 워낙 신화적 요소가 많고 호메로스가 정확하게 기술하지 않았기 때문에 이야기 속 장소들이 모두 확실한 것은 아니라고 한다. 그래서 독일의 역사학자인 아르민 볼프는 오디세우스

방랑의 루트를 평생 연구해 2009년에 책으로 출간한 바도 있다. 「오디세이아」에서는 오디세우스가 고향인 이타카에 도착할 때까지 대략 열 개 정도의 에피소드가 있는데 이중 시칠리아와 관련이 되는 것은 네 개다.

첫 번째 에피소드는 오디세우스가 지금의 튀니지인 로투스 이터를 떠나 키클롭스라는 거인족이 사는 섬에 도착해 우여곡절을 겪는 이야기다. 시칠리아라는 지명이 책에서는 시켈리아로 나온다. 키클롭스들은 양과 염소를 키우면서 살았는데 그곳은 제우스의 은총을 받아 주변에 곡식과 과일 등 모든 것이 풍성했다고 한다. 오디세우스와 그의 일행이 도착한 곳은 현재 북부 해안 도시인 밀라조성 인근의 동굴로 추정하고 있다. 하지만 일부에서는 오디세우스가 나중에 배를 타고 도망갈 때 큰 돌덩이를 던졌기 때문에 그들이 사는 곳이 에트나의 산기슭이라는 주장도 있다. 해안가에 도착한 오디세우스와 그의 부하들은 오랫동안 굶주리던 차에 양과 염소를 잡아먹고 나서 키클롭스가 사는 동굴로 들어가 잠이 들었다. 그런데 이 동굴의 주인인 폴리페모스가 들어오는 바람에 붙잡히게 된다. 생명의 위협을 느낀 오디세우스는 기지를 발휘하여 폴리페모스에게 포도주를 마시게 한 뒤 잠이 들자, 불에 달군 큰 막대기로 거인의 눈을 찌르고 도망에 성공한다. 이때 폴리페모스는 화가 나서 이들을 향해 거대한 돌덩이를 바다로 던진다. 카타니아 부근인 아치 트레차 해변에서 얼마 떨어지지 않은 바다에 작은 돌섬이 몇 개 있는데, 이 섬들이 폴리페모스가 도망치는 오디세우스와 그 일행에게 던진 돌덩이라고 한다.

두 번째 신화의 현장은 섬 북쪽 바다인 티레니아해에 놓여 있는 에올리아 제도다. 이곳은 화산섬으로서 가장 활발한 화산활동을 하는 스트롬볼리섬도 여기에 속한다. 특히, 이곳 섬들은 지난 2000년에 유네스코 세계자연유산에 지정되어 관리되고 있다. 「오디세이아」에서는 바람의 신 아이올로스가 사는 곳이기도 하다. 이곳에 도착한 오디세우스는 아이올로스에게 사정을 호소하고 고향으로 갈 수 있도록 도와달라고 부탁했다. 아이올로스는 요청을 수락하면서 가죽 주머니에 역풍인 서풍을 제외한 모든 바람을 담아주면서 고향에 도착할 때까지 절대 열지 말라고 한다. 그런데 그들이 고향에 거의 다 왔을 때 부하 중 하나가 주머니에 든 게 황금인데 대장인 오디세우스가 혼자 차지하려 한다면서 그가 잠깐 잠든 사이에 주머니를 열었다. 그러자 주머니에 들어 있던 모든 바람이 불어 오디세우스는 다시 원점으로 돌아오게 된다. 간신히 다시 출발한 오디세우스는 사이렌의 시험도 잘 극복하고 어느 해협을 지나가게 되었다. 그런데 그곳에는 스킬라라는 무시무시한 괴물이 살고 있었다. 스킬라는 머리가 여섯, 발은 열두 개인 여자 괴물로 여섯 개의 모든 입에는 이빨이 세 줄로 촘촘하게 줄지어 돋아나 있었다. 또한 주변에는 카리브디스라는 소용돌이가 하루에 세 번씩 바닷물을 빨아들였다가 내뱉어 엄청난 소용돌이를 일으키기 때문에 이곳을 지나는 배들에게는 공포의 대상이었다. 전문가들은 이곳을 이탈리아 본토와 시칠리아 사이에 있는 메시나 해협으로 추정하고 있다. 이곳이 세 번째 에피소드의 현장이다. 직선거리로 3km밖에 떨어지지 않은 곳이지만 이 해협의 물길 속도는 무척 빠르다고 한다. 그래서 '스킬라와 카리브디스 사이에 있다'라는 격언은 이러지도 저러지도 못하는 진퇴양난의 상황을 의미한다.

네 번째 에피소드는 천신만고 끝에 위협을 극복한 오디세우스 일행이 해의 신이 사는 트리나키아에 도착했을 때이다. 일부 학자들은 그곳을 현재의 타오르미나라고 추정한다. 오디세우스가 받은 신탁에 의하면 이곳에서 절대 소를 잡아먹어서는 안 된다고 했다. 하지만 배고픔을 참지 못한 부하들이 명령을 어기고 소를 잡아먹는 바람에 헬리오스의 큰 노여움을 샀고, 도망가는 도중 오디세우스를 제외한 모든 부하가 풍랑에 빠져 죽고 오디세우스만 뗏목을 타고 살아남아 칼립소가 사는 오기기아를 거쳐 마침내 이타카 해변에 도착하고 가족을 만나게 된다.

이 밖에도 시라쿠사 오르티지아에 있는 아레투사 샘은 물의 요정인 아레투사와 관련이 있다. 달의 여신 아르테미스를 보좌하는 요정인 아레투사는 어느 날 목욕을 하다가 강의 신인 알페우스에게 들키자, 물로 변해 달아나다 오르티지아까지 오게 됐고 결국 샘으로 변했다고 한다. 신화의 배경을 살펴보면 오르티지아는 외적의 침입으로부터 보호하기 위해 섬에 구축한 천혜의 요새였는데, 봉쇄될 경우 담수는 매우 중요하였기 때문에 이를 신성화한 것이 아닐까 하는 생각이 든다. 아레투사와 관련된 이야기는 이후 서양 문학작품 여러 곳에서 다루어지게 된다.

또한 풍요의 땅인 시칠리아는 곡물과 관련된 신화도 있다. 시칠리아 중부 내륙에 있는 에나(Enna)가 그 현장이다. 제우스와 농업과 곡식의 여신인 데메테르의 딸인 페르세포네는 어느 날 고원에서 친구들과 함께 꽃을 따고 있었다. 그런데 갑자기 땅에서 마차를 타고 뛰어나온 지하의 신 하데스에 의해 페르세포네는 저승으로 납치되었다. 일설에는 인근 페르구사 호수에서 목욕을 하다 납치되었다고도 한다. 지하의 여신으로 불리는 페르세포네가 지하로 붙들려 간 것은 씨앗이 알곡이 되기 위해서는 땅속에 묻혀야 한다는 자연현상의 알레고리라고 해석하고 있다.

격동의 시칠리아 역사

"척박한 대지, 가혹한 기후, 이러한 모든 면에서의 끊임없는 긴장감, 심지어 과거의 기념물들도 비록 웅장할지라도 침묵하는 귀신처럼 서 있지만, 우리 스스로가 세운 것이 아니기 때문에 이해할 수 없습니다. 이곳저곳에서 무력으로 침략했던 모든 지배 세력에 대해 시칠리아인들은 바로 복종하였지만, 그들을 경계하고 증오하며 절대 받아들이려 하지 않았습니다. 우리는 그들대로 표현한, 이해할 수 없는 예술작품과 우리를 위해서가 아닌 다른 곳에 사용하기 위해 악착같이 거둬들인 세금을 이해할 수 없었습니다. 이 모든 것이 우리들의 성격을 형성했는데, 그것은 우리가 통제할 수 없는 사건들과 지독히도 폐쇄된 마음에 달린 것입니다."

- 주세페 토마시 디 람페두사, 「레오파드」 중에서 -

지금부터 한 세기 전 시칠리아를 방문한 미국인 작가 리그스는 「시칠리아 풍경」에서 '시칠리아는 지중해에 피어난 진귀한 한 떨기 꽃이다'라고 정의했다. 그러면서 시칠리아의 아름다움과 매력을 제대로 이해하기 위해서는 이 땅의 역사에 대해 잘 알아야 한다고 강조했다.

세계사에서 시칠리아만큼 끊임없는 외부 세력의 지배를 받아 온 사례가 있을까? 시칠리아는 3천여 년 동안 무려 15개가 넘는 외세의 지배를 받았다. 앞에서 언급한 「레오파드」의 주인공인 돈 파브리치오 공작의 한탄처럼, 시칠리아는 파란만장한 역사 그 자체라고 할 수 있다. 시칠리아는 그리스에서 이주해 온 주민과 지금의 레바논에서 출발해 북아프리카를 거쳐 들어온 페니키아인 혹은 카르타고인의 혼합에서 비롯되었다고 볼 수 있다. 지금은 이탈리아에 속하지만, 이는 채 160년밖에 되지 않는다. 따라서 지금도 시칠리아인들은 그들만의 독특한 정체성과 문화를 가지고 있다. 이제부터 시칠리아 역사를 주요 내용 위주로 간단하게 정리해 본다.

고대 그리스인의 이주와 주도권 쟁탈

시칠리아에 언제부터 사람이 살았는지에 대한 기록은 없다. 전문가들은 적어도 1만 년 이전부터 사람이 거주해 온 것으로 보고 있다. 지난 1952년에 팔레르모 인근 산기슭에 위치한 아다우라라는 동굴에서 원시인들이 춤추는 벽화가 발견되었기 때문이다. 역사가들은 페니키아인이나 그리스인들이 들어 오기 전에는 시칸, 시켈 그리고 엘리미안이라 불리는 부족이 살고 있었는데 이들은 이탈리아나 이베리아반도에서 이주해 온 것으로 추정하고 있다.

남아 있는 기록을 토대로 살펴보면 기원전 730년경, 그리스 코린트에서 이주해 온 도리아인들이 타오르미나 인근 남동쪽 해안에 자리를 잡기 시작한 때를 시칠리아 역사의 시작으로 보고 있다. 이는 로마가 건국한 시기(기원전 753년)와 비슷하다.

당시 서부 지역에는 지중해 연안을 중심으로 활발하게 영역을 넓혀 가던 페니키아인들이 들어와 살고 있었다. 그러다 기원전 628년에 그리스 이주민들이 서부로 진출하여 셀리눈테를 건설함에 따라 시칠리아의 주도권을 놓고 이들 페니키아인의 후손인 카르타고인들과의 일전이 불가피하게 됐다. 양측은 결국 기원전 480년에 팔레르모 인근 히메라에서 부딪혔고 여기서 시라쿠사와 아크라가스를 주축으로 하는 그리스인들이 승리하였다. 그러나 이후 카르타고의 침공에 따라 서부 그리스인들의 도시가 연달아 무너지고 기원전 406년에 셀리눈테 마저 함락됨에 따라 카르타고의 영향력이 강화되었다. 마침내 그리스 도시로는 시라쿠사만 남게 되었다. 시라쿠사는 히에론 2세의 현명한 외교와 친로마 정책으로 오랫동안 번영을 유지해 왔으나, 후대에 이르러 내부 분열로 카르타고 편에 들었다가 로마와 2년에 걸치는 공방전을 거쳐 1차 포에니 전쟁 직후인 기원전 212년에 결국 몰락하고 말았다.

이러한 상황은 곧이어 지중해 지역의 패권을 노리며 확장하던 신흥세력 로마와의 충돌로 이어졌다. 로마와 카르타고는 세 차례에 걸친 포에니 전쟁(기원전 264년 ~ 기원전 146년)을 거쳤고 카르타고가 멸망하면서, 시칠리아도 지중해 패권을 손에 쥔 로마의 지배를 받게 된다.

로마제국 통치 기원전 212년~서기 440년, 혼란의 시대 440년~535년, 비잔틴 제국 통치 535년~902년

서기 313년 콘스탄티누스 황제가 밀라노 칙령 발표를 통해 기독교를 공인한 이후 약 250년 만에 시칠리아 전지역으로 기독교가 확산되었다. 650여 년간의 로마제국의 통치 동안 시칠리아는 로마의 아프리카 공략을 위한 전초기지와 밀 생산의 거점이 되었다. 두 차례에 걸친 스타르타 반란 등 여러 차례 로마제국의 혹독한 지배에 반발하는 시도가 있었으나 번번이 실패하였다. 실용적인 로마인들은 시칠리아에 있던 그리스 건축물을 활용하였기 때문에 다른 점령지에서 볼 수 있는 원형경기장이나 수도교 등 로마식 건축물이 그다지 많이 남아 있지 않다. 다만, 귀족들의 저택 유적과 모자이크 벽화 그리고 카타니아에 로마식 원형경기장 등이 남아 있다. 서기 4세기부터 로마가 점차 쇠퇴함에 따라 440년 이후로 게르만족의 하나인 반달족의 침입을 받아 반세기 동안 시달리다 491년에 남부 이탈리아까지 세력을 확장한 동고트족이 이들을 쫓아내고 시칠리아를 차지하였다. 서로마가 멸망한 후인 535년에 비잔틴 제국의 유스티니아누스 1세가 제국의 영역으로 흡수한 뒤 이후 약 300년간 지배하게 된다. 이 시기 동안 시칠리아는 비잔틴 제국이 어수선한 틈을 타 세력을 키우고 북아프리카에 근거를 둔 이른바 사라센 해적의 잦은 약탈에 시달리게 된다.

이슬람 지배 902년~1091년

비잔틴 제국의 통치가 약해지자, 지중해 동쪽으로부터 강력한 세력이 시칠리아에 들이닥치기 시작했다. 처음으로 기독교 세력이 아닌 이슬람 세력이었다. 이들은 827년에 이베리아반도에 진출해 있던 세력과 북아프리카 거주 세력이 연합하여 침략을 시도하여 832년에 팔레르모를 점령한 뒤, 이어 902년에는 최후까지 버티던 타오르미나를 점령함으로써 시칠리아 전역에 대한 지배에 성공하였다. 이들은 에미리트 왕국의 수도를 팔레르모로 정하고 이후 2세기 동안 통치하게 된다. 이슬람 세력은 지배에 성공하자 그리스인, 카르타고인, 로마인, 유대인들에게 관용을 베풀면서 당시 세계 최고 수준의 농업과 과학기술을 이 지역에 적극적으로 접목하기 시작했다. 이에 따라 많은 지식인, 과학자, 기술자, 상인 등이 이곳으로 몰려들었다. 당시 아랍인들은 쌀, 사프란, 가지, 석류, 인디고, 사탕수수, 오렌지, 레몬 같은 작물을 들여와 재배하기 시작하였다. 특히, 아몬드, 피스타치오, 잣, 건포도 등의 견과류를 음식에 적극 활용하였다.

팔레르모는 당시 이슬람 세계에서 가장 번성했던 코르도바와 카이로에 버금가는 도시였다고 한다. 그러나 11세기 후반부터 내

분 등으로 약화하기 시작하면서 쇠퇴의 길로 접어들게 된다.

노르만 왕조 1091년~1194년, 호엔슈타우펜가 1194년~1266년

12세기에 들어오면서 2백여 년간 지속되어 온 아랍인들의 지배력이 약화되자, 그동안 남부 이탈리아까지 진출하여 영향력 확대를 모색하던 노르만인들이 시칠리아를 목표로 삼았다. 이들은 바이킹족의 후예로서, 세력을 확장하여 프랑스 노르망디 지방에 자리를 잡기 시작하였다. 노르만인들은 처음에는 주로 용병으로 활동하였으나 점차 자체 세력을 강화해 나갔다. 이들은 30년에 걸쳐 시칠리아 정복을 시도하여 드디어 1091년에 이슬람 세력을 쫓아냈다. 특히, 루제로 2세는 이탈리아 남부지역으로 지배권을 넓히면서 1130년에 시칠리아 왕국의 초대 왕에 올랐다. 시칠리아 왕국은 지배자를 달리하면서도 이후 7백 년간 유지되게 된다.

루제로 2세는 체팔루에 대성당을 건립하는 등 교황과도 원만한 관계를 유지한 현실주의자였다. 그가 통치할 당시 왕국은 남부 이탈리아, 몰타, 북아프리카, 중동에 이르기까지 영토를 확장했다. 그를 이어 굴리엘모(윌리엄) 1세, 굴리엘모 2세, 탄크레디 등이 왕국을 발전시켜 나갔는데 굴리엘모 2세는 노르만 건축의 대표적 건물인 몬레알레 대성당을 세우기도 하였다. 그러다 탄크레디가 후사 없이 죽자, 루제로 2세의 딸 콘스탄차와 결혼한 신성로마제국 황제 하인리히 6세가 시칠리아 왕위 계승권을 주장하고 나섰다.

그는 드디어 1194년에 왕위에 오름으로써 1세기에 걸친 노르만 왕가의 지배를 종식했다. 이로써 독일계라고 할 수 있는 호엔슈타우펜가의 통치가 시작된 것이다.

흔히 약탈과 무법으로 상징되는 노르만인들은 시칠리아를 지배한 후에는 관용과 실용 그리고 법치와 제도를 통해 통치하였기 때문에 긍정적으로 평가되고 있다. 시칠리아 역사 전문가인 존 율리우스 노리치는 「태양의 왕국」에서 이렇게 평가하고 있다.

"시칠리아에 대한 지배를 완성한 루제로 2세는 그들이 이곳에서 성공할 수 있는 유일한 길은 '통합'을 추구하는 길밖에 없다고 생각한 듯하다. 그가 세상을 떴을 때, 왕국은 여러 종교와 언어, 풍습과 인종을 포용하면서도 기독교 지도자인 교황의 눈에 벗어나지 않는 나라가 되었던 것이다. 이후 180여 년간 노르만의 시칠리아는 프랑스와 함께 당시 유럽에서 가장 번영하는 나라 중의 하나였다."

시칠리아 영광의 정점, 프리드리히 2세 시대

프리드리히 2세(페데리코 2세)는 12세기 중반부터 신성로마제국 황제를 배출한 호엔슈타우펜 왕가 출신으로 중부 이탈리아에서 출생하였다. 당시 제국은 독일 남부와 이탈리아 중부 그리고 시칠리아를 통치하였다. 따라서 중부 이탈리아에 세속적 근거를 두고 있던 교황과 자주 갈등을 겪었다. 그의 통치 당시 시칠리아는 여러 면에서 최고의 황금기를 맞이하였는데 대표적인 예로 당시 유럽에서는 처음으로 금화를 유통하였다고 한다. 중세에서 가장 유명한 제왕으로 평가되고 있는 그는 제국 통치 외에 교육과 문화에도 많은 관심을 기울여 나폴리에 처음으로 대학을 세우기도 했다. 이탈리아어는 물론 라틴어, 독일어를 비롯하여 아랍어까지 여러 가지 언어를 구사한 그는 철학, 천문학, 지리학에도 많은 관심을 가졌으며, 당시 팔레르모 왕궁이 유럽 문화의 중심이 되는 데 크게 기여했다. 그는 이탈리아어로 시를 썼는데 이는 훗날 단테에게 영향을 미쳤고 현대 이탈리아어에도 많은 영향을 끼쳤다고 한다.

그러나 그가 점차 세력을 확장하자 이에 불안을 느낀 프랑스 출신 교황들과 여러 차례 부딪혔다. 교황 인노켄티우스 3세는 독일과 이탈리아 간 이간책을 써서 그의 영향력을 줄이고자 했다. 교황은 황제가 십자군 활동에 소극적이라는 점과 나중에 예루살렘에 갔을 때, 아랍의 술탄인 알 카밀과 대화로써 예루살렘 땅을 회복한 것을 들어 그를 이슬람교도와 내통한 인물이라고 비난하고 두 차례 파문하기도 하였다.

프리드리히 2세는 종교와 문화를 초월해 고대 로마제국의 부활을 꿈꾸었고, 늘 앞서가는 사고와 강한 추진력을 보여주었다. 일부에서는 그를 이탈리아 르네상스를 앞서 구현하고자 노력한 선각자였다면서 오늘날 유럽연합의 모태가 되는 통합된 유럽을 만들고자 노력한 군주라고 평가하고 있다. 그가 1150년에 세상을 떠나자, 시칠리아는 이후 7백여 년간 외세의 지배와 수탈에 시달리게 된다. 이어 아들인 콘라트 4세가 왕위를 이었지만 이탈리아 원정 중 1254년에 죽고, 그의 아들인 콘라딘이 어린 나이로 왕위에 올랐지만 16세에 죽자 호엔슈타우펜 왕조는 단절될 위기에 놓였다. 이런 와중에 프리드리히 2세의 서자인 만프레디가 잠시 왕위를 차지했지만, 시칠리아 지배를 둘러싸고 교황 등의 지지를 받던 프랑스 앙주가와 대립하게 된다. 그는 1266년에 베네벤토 전투에서 프랑스 루이 8세의 아들인 샤를에게 패한 뒤 죽게 된다. 이에 따라 이탈리아 남부와 시칠리아에 대한 호엔슈타우펜가의 지배는 막을 내리게 된다.

프랑스 앙주가 통치 1266년~1282년

이어 1266년에 프랑스 앙주가의 샤를이 시칠리아의 지배자가 된다. 이는 시칠리아 왕국과 신성로마제국의 통합 왕권에 대해 불만을 가지고 있던 프랑스 출신 교황의 계략에 따른 결과였다. 시칠리아왕으로는 카를루 1세인 그는 성격이 포악하여 강압적 통치를 하게 된다. 그의 폭정과 수탈에 시달리던 시칠리아인들은 1282년 부활절에 이른바 '시칠리아 만종'이라는 봉기를 일으켜 샤를과 프랑스인들을 쫓아냈다.

스페인 아라곤가 통치 1282년~1713년

이러한 상황 속에서 시칠리아에 대한 지배권을 노리고 있던 스페인 아라곤 왕국이 이 기회를 놓치지 않았다. 노르만 왕 만프레디의 딸 콘스탄체와 결혼한 페드로 3세는 왕비가 시칠리아 출신의 적통이라는 점을 내세워 시칠리아 왕위 계승을 주장하고 나섰다. 이를 우호적으로 받아들인 시칠리아인들이 아라곤 왕국의 통치를 받아들이게 됨에 따라 이후 약 4백 년이 넘게 지속되는 스페인의 통치가 시작된다. 시칠리아는 이때부터 서서히 몰락의 길로 접어들게 된다. 당시 신대륙 발견과 경영뿐 아니라 프랑스 등 주변 강대국과 경쟁하고 있던 스페인은 시칠리아에 대한 관심을 그다지 보이지 않았다. 이에 따라 시칠리아는 스페인과 결탁한 부패한 귀족과 관료, 세속화한 카톨릭 교회와 성직자의 타락 등으로 더욱더 쇠락의 길로 들어서게 된다. 1415년부터는 스페인왕이 직접 통치하지 않고 '총독'이라는 제도 운영을 통해 간접적으로 통치하기 시작하였다. 페르디난도 1세는 아들을 시칠리아 총독으로 임명했는데 이러한 총독제도가 3백 년간 지속되었다. 1713년 위트레흐트 조약 결과, 스페인은 많은 해외영토를 잃게 되며 이는 곧 유럽의 강대국이었던 스페인의 쇠락을 가져오게 된다.

사보아가 통치 1713년~1720년

사보아가 비토리오 아메데오 2세는 사르데냐 왕국의 왕으로 스페인 왕위 계승 전쟁 결과에 따라 시칠리아 왕국을 지배하게 되었으나 실제 통치는 파견한 총독으로 대신했으며, 1720년에 시칠리아 왕위를 내놓고 사르데냐 왕국의 통치에 전념하게 된다.

오스트리아 통치 1720년~1735년

사보아가 통치가 종식됨에 따라 시칠리아 통치에 공백이 생기자, 당시 국제정세의 주도권을 갖고 있던 오스트리아가 이를 놓치지 않고 직접 통치에 나섰다. 이에 따라 카를 4세와 카를 6세가 시칠리아 왕으로 통치하게 되었다. 특히, 카를 6세는 신성로마제국의 황제이자 보헤미아 국왕, 그리고 헝가리와 크로아티아 국왕, 나폴리, 사르데냐 국왕을 겸하였다. 그는 신성로마제국 황후 마리아 테레지아의 부친이자, 오스트리아-헝가리 통합제국의 왕인 프란츠 1세의 장인이기도 하였다.

나폴리 왕국의 통치 1735년~1816년

잠깐이지만 오스트리아가 물러나자, 시칠리아는 다시 스페인 부르봉가의 지배하에 놓이게 된다. 페르난도 6세가 통치하다 그를 이어 이복동생인 카를로스 3세가 왕위에 오른 뒤 시칠리아를 나폴리 왕국에 편입하였다. 부르봉가의 페르디난도는 카를로스 3세의 아들로, 어머니는 독일 작센 왕국의 공주인 마리아 아말리아였다. 그는 오스트리아의 마리아 테레지아 여왕의 딸인 마리아 카롤리나와 결혼하였다. 정치적 야심이 많았던 왕비는 그 후 나폴리 왕국의 대외정책에 실질적인 영향력을 행사하게 된다. 이에 따라 나폴리 왕국은 1793년에 오스트리아와 조약을 맺어 '반혁명동맹'에 가담했다. 그러나 프랑스가 침공할 조짐을 보이자, 영국 등에 도움을 요청하여 넬슨 제독이 이끄는 영국함대를 나폴리로 끌어들였다.

이에 따라 시칠리아는 사실상 영국의 보호령이 되었다. 그러나 프랑스가 나폴리를 침공해 파르테노테 공화국을 선포하자 페르디난도는 시칠리아로 피신했다가 이듬해 공화국이 전복되자 나폴리로 귀환하였다. 이후 1806년에 나폴레옹군이 다시 나폴리를 점령하자 다시 팔레르모로 피신해 영국의 보호하에 시칠리아를 다스렸다.

스페인 부르봉가 양시칠리아 왕국 1816년~1861년

나폴레옹이 끝나고 전후 국제질서를 정하였던 빈 회의 이후 보수 반동 세력이 힘을 얻자 페르디난도는 다시 나폴리로 돌아와 시칠리아와 나폴리 왕국을 통합한 양시칠리아 왕국을 선포하고 페르디난도 1세로 즉위한 뒤 오스트리아에 원조를 요청하게 된다. 19세기 중반 유럽 각국에서는 보수 반동 왕정의 가혹한 통치 등에 반발하는 시위와 봉기가 잇따랐다. 특히 1848년에는 유럽 여러 나라에서 봉기가 일어났는데, 시칠리아에서 처음으로 시작되었다. 그 당시에 일어났던 봉기는 훗날 많은 이탈리아 문인의 소재가 되기도 하였다. 1859년 왕국의 마지막 왕이 되는 프란체스코 2세가 즉위하였으나 가리발디가 이끄는 이탈리아 통일 세력의 압박에 따라 양시칠리아 왕국은 역사의 뒤편으로 사라지게 된다.

통일 이탈리아 왕국, 양대 세계대전,
이탈리아 공화국 1946년~현재

이탈리아 통일의 주역 가리발디가 사르데냐 왕국의 비토리오 에마누엘레 2세를 통일 이탈리아 왕국의 왕으로 추대함에 따라 이탈리아는 오랜 분열과 외세의 지배에서 벗어나 통일국가를 이루게 된다. 그러나 곧이어 닥친 세계적인 농산물 공급과잉 사태는 이탈리아 농촌에 큰 어려움을 초래했고 이에 따라 농민들은 생존을 위해 미국 등으로 대규모 이민을 떠나게 된다. 1880년부터 2차 세계대전 발발 전까지 약 9백만 명의 이탈리아인들의 '디아스포라'가 시작되었다. 특히 빈곤에 시달리던 시칠리아 사람들은 미국 루이지애나주나 베네수엘라로 떠났다.

혼란의 와중에서 발생한 제1차 세계대전에서 이탈리아는 영국, 프랑스 편에 서서 전승국의 지위를 가졌으나 세계 대공황의 여파로 세력을 잡은 무솔리니가 이끄는 파시스트의 독재를 거쳐 제2차 세계대전에서는 독일과 함께 추축국에 섰다가 1943년에 시칠리아 남부 해안에 상륙한 미국, 영국의 연합군에 의해 해방된 데 이어 이탈리아 본토가 회복됨에 따라 시칠리아는 1946년에 출범한 이탈리아 공화국의 한 주가 되어 오늘에 이르게 된다.

참고 도서

- 국내서 -

강인숙, 〈시칠리아에서 본 그리스〉, 에피파니, 2018
김문희 외, 〈SICILIA(샬레트래블 무크)〉, 샬레트래블앤라이프, 2019
김영주, 〈이탈리아, 낭만 혹은 현실 : 이탈리아 종단〉, 컬쳐그라피, 2017
김영하, 〈네가 잃어버린 것을 기억하라 : 시칠리아에서 온 편지〉, 랜덤하우스, 2009
김종법, 〈천의 얼굴을 가진 이탈리아〉, 학민사, 2012
김 혁, 〈김혁의 이탈리아 와인기행〉, 학산문화사, 2007
민혜련, 〈이탈리아 남부기행 : 나폴리, 아말피, 소렌토, 시칠리아〉, 21세기북스, 2016
박 제, 〈신화의 섬, 시칠리아〉, 아트북스, 2008
백상현, 〈이탈리아 소도시 여행 : 올리브 빛 작은 마을을 걷다〉, 시공사, 2012
어라운더월드, 〈무브매거진 태양의 섬, 시칠리아〉, 2017
윤정인, 〈퐁당, 시칠리아〉, 이담, 2019
이민희, 〈민희, 파스타에 빠져 이탈리아를 누비다〉, 푸른숲, 2009
이중수, 〈아리아드네의 실을 따라 : 이중수 유럽 문화기행〉, 어문각, 2005
진동선, 〈시칠리아노 G-minor : 포토에세이〉, 가쎄, 2012
진우석, 〈푸르고 관능적인 지중해 인문여행〉, 마인드큐브, 2021
허은경, 〈시실리 다이어리 : 시실리에서 보낸 33일〉, 지성사, 2008

기벨, 마리온, 〈로마 문학 기행〉, 박종대 역, 백의, 2000
다나카, 치세코, 〈문화와 예술로 보는 이탈리아 기행〉, 정선이 역, 예담, 2002
람페두사, 주세페 토마시 디, 〈표범, 레오파드〉 최명희 역, 동안, 2015
리그스, 아서 스탠리, 〈시칠리아 풍경〉, 김희정 역, 산지니, 2015
모파상, 기 드, 〈모파상의 시칠리아〉, 어순아 역, 그린비, 2010
무라카미, 하루키, 〈먼 북소리〉 김난주 역, 중앙일보, 2005
부팔리노, 제수알도, 〈그날 밤의 거짓말〉, 이승수 역, 이래 2008
베르가, 조반니, 〈말라볼리아가의 사람들〉, 김운찬 역, 문학동네, 2014

비토리니, 엘리오, 〈시칠리아에서의 대화〉, 김운찬 역, 민음사, 2010
사이토, 켄, 〈되살아나는 천재 아르키메데스〉, 조윤동 역, 일출봉, 2007
슈바브, 구스타프, 〈그리스 로마 신화 3, 오뒷세우스〉, 이동희 역, 휴머니스트, 2015
시오노, 나나미, 〈로마인 이야기 1,2,4,5〉, 김석희 역, 한길사, 2004
시오노, 나나미, 〈로마 이후의 지중해 세계 상·하〉, 김석희 역, 한길사, 2009
시오노, 나나미, 〈황제 프리드리히 2세의 생애 상·하〉 민경욱 역, 서울문화사, 2021
카밀레리, 안드레아, 〈물의 형태〉, 윤경훈 역, 새물결, 2009
카펜터, 토머스, 〈고대 그리스의 미술과 신화〉, 김숙 역, 시공사, 1998
카플란, 로버트, 〈지중해 오디세이〉, 이상옥 역, 민음사, 2007
파라세콜리, 파비오, 〈알 덴테 : 이탈리아의 음식문화사〉, 김후 역, 니케북스, 2018
푸조, 마리오, 〈대부〉, 이은정 역, 늘봄, 2004
피란델로, 루이지, 〈나는 고(故)마티아 파스칼이오〉, 이윤희 역, 문학과지성사, 2010
헬트, 클라우스, 〈그리스 로마 철학 기행〉, 최상안 역, 백의, 2001

- 외서 -

Dummett, Jeremy, 〈Sicily, Island of Beauty and Conflict〉, Tauris Park, 2020
Frusteri, Leonardo, ua., 〈Treasure of Sicilian Cuisine : A taste of yesterday and today's Mediterranean〉, PS Advert Edizioni Promolibri, 2011
Hales, Dianne, 〈La Passione : How Italy seduced the world〉, Crown Archetype, 2019
Norwich, John Julius, 〈Sicily : Short History from the Ancient Greeks to Cosa Nostra〉, John Murray, 2015
Russo, William Dello, 〈Sicilia Antica : Ancient Sicily〉, Simebooks, 2018
Tish, Ben, 〈Sicilia : A love letter to the food of Sicily〉, Bloomsbury, 2021

Dk, 〈Sicily〉, Eyewitness Travel, 2015
DuMont, 〈Sizilien (6.Auflage)〉, 2021
Lonely Planet, 〈Sicily〉, 2017
Marco Polo, 〈Sizilien〉, 2018

시칠리아 일주 인문기행

초판 2쇄 발행일　2024년 2월 24일

지은이　　　한상원
발행인　　　문상건
펴낸곳　　　슬기북스

등록　　2019년 2월 11일 제307-2019-59호
주소　　(02781) 서울특별시 성북구 화랑로40길 22-40, 201호
팩스　　02-6455-2841
이메일　sg-book@naver.com

ISBN 979-11-966370-5-7(03920)

- 슬기북스는 작가의 삶을 응원합니다.
- 슬기북스는 독자의 시간이 아깝지 않은 책을 만듭니다.

- 본서의 내용을 무단 복제하는 것은 저작권법에 의해 금지되어 있습니다.
- 잘못된 책은 구입처에서 교환해 드립니다.
- 책값은 뒤표지에 있습니다.